海南省琼中至乐东高速公路
（琼中至五指山段）
论文集

中国公路工程咨询集团有限公司海南省琼中至乐东高速
公路（琼中至五指山段）代建指挥部　编

人民交通出版社股份有限公司
China Communications Press Co.,Ltd.

图书在版编目(CIP)数据

海南省琼中至乐东高速公路(琼中至五指山段)论文集／中国公路工程咨询集团有限公司海南省琼中至乐东高速公路(琼中至五指山段)代建指挥部编. —北京：人民交通出版社股份有限公司，2018.8

ISBN 978-7-114-14948-1

Ⅰ.①海… Ⅱ.①中… Ⅲ.①高速公路—施工管理—海南—文集 Ⅳ.①U412.36-53

中国版本图书馆CIP数据核字(2018)第179375号

书　　名：海南省琼中至乐东高速公路(琼中至五指山段)论文集
著 作 者：中国公路工程咨询集团有限公司海南省琼中至乐东高速公路(琼中至五指山段)代建指挥部
责任编辑：王　丹
责任校对：刘　芹
责任印制：张　凯
出版发行：人民交通出版社股份有限公司
地　　址：(100011)北京市朝阳区安定门外外馆斜街3号
网　　址：http://www.ccpress.com.cn
销售电话：(010)59757973
总 经 销：人民交通出版社股份有限公司发行部
经　　销：各地新华书店
印　　刷：北京印匠彩色印刷有限公司
开　　本：787×1092　1/16
印　　张：7.75
字　　数：191千
版　　次：2018年8月　第1版
印　　次：2018年8月　第1次印刷
书　　号：ISBN 978-7-114-14948-1
定　　价：120.00元

目　　录

公路建设项目代建、监理一体化管理模式中管理成本分析

汪祥立　赵爱芹　林水荣

[海南省琼中至乐东高速公路(琼中至五指山段)代建指挥部]

摘　要:随着我国交通运输行业的快速发展,企业竞争日趋激烈,传统的代建制及工程监理制管理模式已无法满足行业发展需要。如何降低管理成本,提高项目管理效率,建立与现代工程相适应的公路建设管理体系成为提高企业竞争的关键所在。“代建、监理一体化管理”作为一种新的管理模式可供行业选择。本文以海南省琼中至乐东高速公路(琼中至五指山段)项目的“代建、监理一体化管理”为例,对“代建、监理一体化管理”模式的含义、组织机构等方面进行阐述,从机构精简、程序简化、管理效益提升等方面对管理成本进行了分析,认为代建、监理一体化管理模式节约管理成本效果显著,值得在我国公路建设管理中推广应用。

关键词:代建、监理一体化;管理模式;成本分析

1　研究背景

2003年建设部提出,具有监理资质的工程项目管理企业可以直接接受业主委托依法进行项目管理,行使监理权利,履行监理责任,这为项目管理采用代建、监理一体化模式提供了政策支持。2015年《公路建设项目代建管理办法》鼓励符合代建条件的公路建设管理单位及公路工程监理企业、勘察设计企业进入代建市场,开展代建工作。2015年3月,海南省交通运输厅牵头对公路建设代建制进行改革,颁布了《深化公路建设代建制改革试点方案》,提出在海南高速公路建设及国省道改扩建项目中采用代建、监理一体化模式进行管理。在国家及地方政府政策支持下,诞生了宁安高速、井睦高速等一批采用“代建、监理一体化管理”的项目。在海南省内,中国公路工程咨询集团在琼中至乐东高速公路(琼中至五指山段)项目(以下简称“本项目”)中采用“代建、监理一体化管理”模式进行项目管理。

2　代建、监理一体化管理模式分析

2.1　含义

代建,是指受公路建设项目的项目法人委托,由专业化的项目管理单位承担项目建设管理及相关工作的建设管理模式,代建单位依合同承担项目质量、安全、投资及工期等管理

责任。

《公路工程施工监理规范》(JTG G10—2016)提出,“监理机构应依法按照合同约定的职责和权限,代表建设单位对公路工程施工质量、安全、环保、费用和进度等实施监理。”

由代建及监理的含义可以看出,两种管理模式在质量、安全、进度等管理过程中存在职责交叉、重叠。为了提高项目管理效率、节约管理资源,2015 年 12 月,海南省交通运输厅提出以解决代建、监理职能交叉重叠等问题为导向,整合项目管理机构,简化工作程序,优化职能分工,集约使用代建管理费和工程监理费,建立了代建、监理一体化管理制度。

综上所述,“代建、监理一体化管理”模式是为了避免代建、监理职能交叉重叠,由具有代建、监理双资质的企业对项目实施代建管理,履行代建、监理权利,承担代建和监理职责的项目建设综合管理体系。

2.2 组织机构设置

代建、监理一体化管理模式的机构组成是将传统的代建制管理模式及工程监理制管理模式的组织构成进行整合与优化,由领导层、职能部门及分部组成。其中,总监理工程师成为负责人之一,主要负责主持监理工作;总监办也由传统的独立监理机构变为职能部门之一,履行监理职责;代建指挥部分部直接对现场进行管理,并履行监理职责;各职能部门按照部门分工履行各自的工作职责,并对分部工作给予支持和指导。“代建、监理一体化管理”模式的组织机构如图 1 所示。

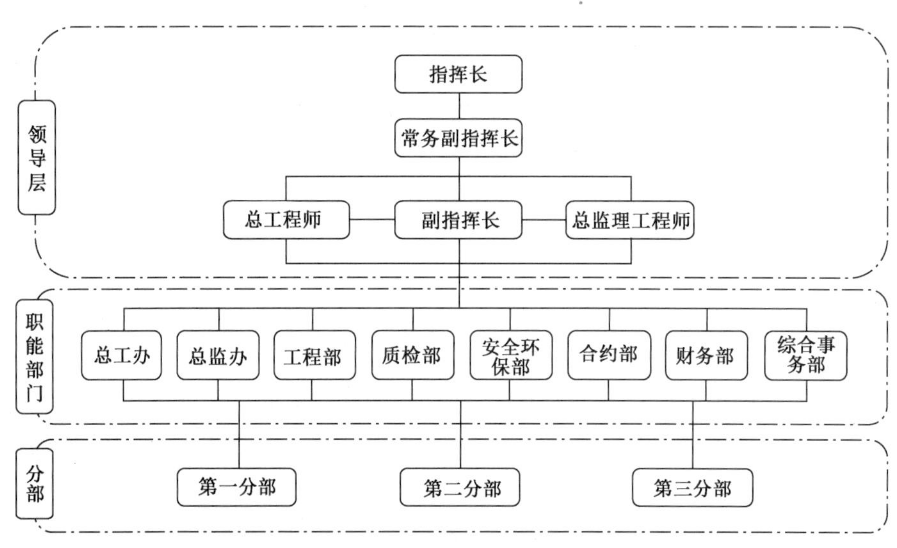

图 1 组织机构框图

3 管理成本分析

3.1 机构、人员精简

在传统管理模式下,代建单位及监理单位在项目实施过程中均要对进度、质量、安全、费用等进行管理,这就导致双方的工作职责存在重复叠加,进而导致代建单位与监理单位责任不明确、多头领导等各种问题,双方在进行项目管理时往往会做重复工作,严重浪费了人力、物力资源。

通过对代建单位和监理单位的职责进行全面、系统的梳理,精简整合项目管理和工程监理机构,并将传统模式下的总监办作为一个与工程部、质检部等职能部门平行的独立管理部门,行使监理职责。整合后,避免了部门间的职能重合,并减少了部门设置。

在“代建、监理一体化管理”模式下,由于职能整合、职责明确,项目管理人员投入相应减少。根据《公路工程施工监理规范》(JTG G10—2016)及本项目合同文件对人员配备的要求,对本项目分别采用传统模式及“代建、监理一体化管理”模式的人员配备进行对比分析,如表1所示。

人员配备对比表 表1

建安费	传统模式下的代建制、工程监理制			代建、监理一体化	变化情况
	代建单位	监理单位	合计		
50亿	19人	67人	86人	64人	人员减少26%

从上表分析得出,在代建、监理一体化模式下,减少了26%的管理人员,即节约了26%的人力成本,并使项目管理人员的宏观管理与监理人员的微观管理协调对接,权责进一步明晰,有效减少了监管盲区,充分发挥了专业管理人员在项目实施过程中的管理效率。

3.2 工作程序简化,降低管理成本

在传统管理模式下,项目管理程序复杂,代建单位与监理单位在项目实施过程中均只对本单位的工作任务负责,由于两个单位在对项目质量、安全、进度、费用等进行管理时存在职能重叠,不利于项目的统一、协调管理。

在“代建、监理一体化管理”模式下,对工作职能进行了整合,同时对代建及监理管理程序进行了深度融合,避免了工作的重复,工作程序得到了简化,有利于项目的统一、协调管理,提高了管理效率,降低了管理成本。主要体现在以下两个方面:

(1)内部协作流畅。代建指挥部各职能部门之间工作协同性加强,总监办与其他职能部门之间能够统一对施工单位进行管理,减少了传统管理模式中代建单位与监理单位沟通交流不畅,以及行使项目管理时的文件往来沟通造成的成本;同时,针对施工单位的日常巡查、专项检查等管理活动,代建指挥部同时行使项目监管及监理权利,避免了传统模式下代建单位、监理单位单独对施工单位进行检查等管理活动的人力、物力资源浪费。

(2)审批流程得到简化。施工单位在上报报审文件时,由原来的单独去监理单位、代建单位进行逐级报审,变为新模式下直接上报代建指挥部,各部门进行流转审批。这不仅减轻了施工单位的负担,同时加快了文件的审批效率,提升了管理效率,降低管理时间成本,同时对施工进度起到一定的促进作用。

3.3 进度加快,节省管理成本

由于高速公路建设工程的特殊性,监理工程服务费用的拨付缺乏时效性,一方面是由于监理服务费用的收取按照工程施工进度执行,而施工进度是存在不确定性,监理服务费按照进度付款无法得到时间上的保证,不利于资金管理;另一方面,监理服务过程中发生的成本与项目服务周期的长短直接相关,由于施工进度滞后,导致工程延期,那么管理成本也将相应增大。因此,工程施工进度直接影响着监理服务费的资金拨付,影响管理成本的控制。

本项目通过实行代建、监理一体化管理模式,工程建设进度得到快速推动。2016年度完成产值21.6亿元,完成年度投资计划(19.5亿元)的111%。进度的加快,有利于管理费用的资金收取,对节约全项目的服务费成本起到积极作用。

4　结语

综上所述，传统的代建制及工程监理制在项目管理过程中，因各自为政存在资源浪费，不能有效控制管理成本，阻碍管理效率的提高。通过将代建制及工程监理制进行有机整合，精简了管理机构，减少了项目管理人力成本，最大程度地简化了管理程序及降低了服务费，为有效控制及节约管理成本起到积极作用，同时，极大地促进了管理效率的提升。因此，伴随着我国交通运输行业的快速发展，为了提高管理效率、节约管理成本，“代建、监理一体化管理”模式值得在项目管理中推广应用。

公路工程"代建、监理一体化"建设管理模式研究与实践

王　健　汪劭祎

[海南省琼中至乐东高速公路(琼中至五指山段)代建指挥部]

摘　要:本文以解决近年推行的公路建设管理模式"代建制"中存在的问题为目的。首先,结合国内外建设管理体制改革思路,分析了"代建制"中各建设主体的职能定位和关系;其次,在理论上充分论证了"代建、监理一体化"建设管理模式,对解决"代建制"中存在问题的优势和实施的可行性;再次,通过"代建、监理一体化"模式在项目的实践效果,证明了理论分析的正确性;最后,分析了"代建、监理一体化"模式在现有法规和制度下实施遇到的困难和问题,并提出了解决建议。

关键词:公路;代建、监理一体化;建设管理模式

1　引言

中华人民共和国成立之初,公路建设十分落后,公路基础设施建设发展较慢。改革开放以后,国家加快了公路基础设施建设的步伐,从"九五"计划时期开始,公路里程规模快速提高,工程质量明显改善。截至 2015 年底,我国已建成高速公路 12.35 万 km,里程规模跃居世界第一,质量效益显著提高,高速公路从无到有,仅用 30 多年的时间就完成了发达国家近百年的发展历程,且近几年持续快速发展。公路基础设施建设发展情况如图 1 所示。

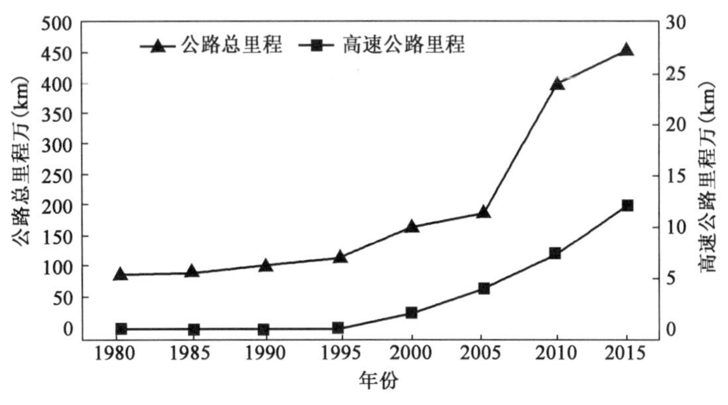

图 1　我国公路基础设施建设发展

随着社会的发展,国家经济从计划经济体制转向市场经济体制,公路建设管理从由国家交通部门负责的格局,发展到由建设单位、监理单位、承建单位三方相互制约的管理模式,再发展到近年推行“代建制”,并探索“代建、监理一体化”等模式。本文就“代建、监理一体化”建设管理模式实施的可行性进行理论分析和实践的研究,为国家深化公路建设管理体制改革提出建议。

2 “代建、监理一体化”模式的理论分析

公路建设管理主要包含四个方面:投融资、行政管理、项目建设管理、设计与施工实施。本文仅就与“代建、监理一体化”建设管理模式关系密切的行政管理、项目建设管理、施工实施等进行分析研究。

2.1 我国监理制度的确立和发展中出现的问题

改革开放后,国家提出抓住引进世界银行贷款机遇,对基本建设管理体制进行改革,加快基础设施建设步伐。1989 年交通部出台了《公路工程施工监理暂行办法》《公路工程施工监理规范》,结合 FIDIC 条款,初步建立了一套符合中国公路工程实际情况的监理制度。1995 年国家出台的《工程建设监理规定》第十八条规定:“监理单位是建筑市场的主体之一,建设监理是一种高智能的有偿技术服务”。当时,监理工程师在项目管理中,不但起到质量验收把关的作用,还要纠正施工过程中的违规操作,指导施工工艺的改进和完善,客观上起到了对施工队伍技术能力普遍不足的重要补充作用,促进了工程建设科学管理水平的提高。该模式为保障公路工程质量和安全,促进公路建设持续快速发展发挥了重要作用。

近年来,我国公路建设投资不断增长,投资渠道日趋多元化,施工技术水平不断提高,但资金、环保、土地等约束因素越来越强,导致建设管理的难度越来越大,不同地区、不同项目的建设人力资源分布不均且管理水平参差不齐。在监理制度方面,工程监理受雇于业主,导致既非独立第三方,亦非真正意义上的业主代表,权小责大,地位尴尬,作为建设市场主体之一的地位已基本失去。

2.2 “代建制”实施效果及问题分析

面对公路建设的新形势和新问题,交通运输部深化公路建设管理体制改革,多地进行了“代建制”等建设管理新模式的实践,取得了积极成效,但同时出现了一些问题,主要体现在:政府部门与所委托的项目建设管理单位(目前主要为代建单位、监理单位及 PMC 管理单位)之间权责不清;代建单位、监理单位等项目建设管理单位之间权责不清;出现项目建设管理单位对施工单位的多头管理,指令混乱。

在很多发达国家,工程监理、技术咨询和项目管理一般都合为一体,统称为工程咨询服务或项目管理服务,其服务范畴覆盖工程建设的全过程,从性质上讲,是高智能的技术咨询服务。1999 年出版的 FIDIC“新红皮书”与以前版本“红皮书”相比,将工程师、工程师助手(等同于国内的监理工程师)明确定义为“业主人员”,工程师是在代表业主履行其职责,不再强调工程师是独立的一方。国际上工程师的独立地位被越来越淡化。

结合国内外公路建设管理思路,总结出“代建制”中各建设主体的职能定位和关系如图 2 所示。

2015 年,交通运输部出台《公路建设项目代建管理办法》。办法明确“代建项目实行目标管理”,并提出“代建单位具有监理能力的,其代建项目的工程监理可以由代建单位负责,承担监理相应责任”,即提出了“代建、监理一体化”建设管理新模式。

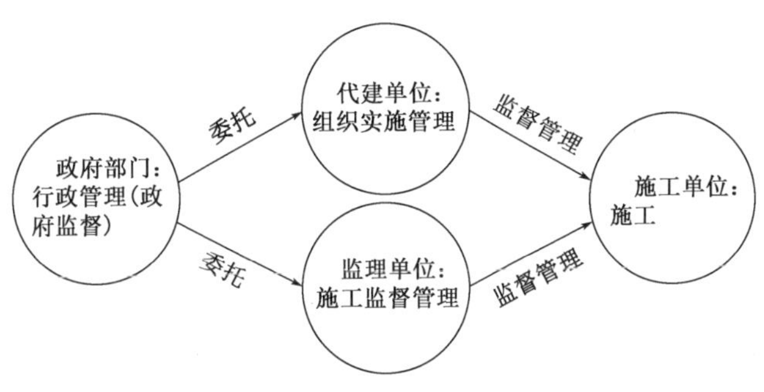

图2 “代建制”中各建设主体的职能定位和关系

2.3 “代建、监理一体化”模式分析

在理论上，公路建设管理的行政管理、项目建设管理、施工实施三个方面，应由三个建设主体负责实施，方能划清权责和理顺管理及实施程序，形成三方制约的关系。“代建、监理一体化”实质上应为代建与监理进行机构、人员、权责的充分融合，而不能是代建、监理两张皮。

“代建、监理一体化”建设管理模式的组织方式和优点主要有：①项目应实行目标管理，政府部门通过合同明确与项目建设管理单位（此处指代建单位和监理单位）的权责，这样既有利于减少政府部门人力物力资源的投入和工作量，又利于实现项目建设专业化管理。②代建和监理的机构、人员、权责应进行实质性融合，形成一个机构、一套人员、同一权责，融合后的新机构通过制定制度明确内部职责，实现对项目建设的集中管理，并提高工作效率。③通过代建、监理的融合，消除了代建、监理单位对施工单位造成的多头管理、指令混乱的情况。同时，融合后的新机构应制定对上、对下均与新机构相匹配的文件和指令格式，以加强职责的切实履行及管理程序的顺畅。

综上分析，“代建、监理一体化”建设管理模式在理论上是可行的，并可有效理顺行政管理、项目建设管理、施工实施三方建设主体的关系（见图3），简化项目建设管理程序，提高项目管理水平。

图3 “代建、监理一体化”中建设主体关系图

3 “代建、监理一体化”模式的实践

在近年的公路建设管理体制改革中，虽然多地有对实施“代建、监理一体化”模式的期待，但囿于原有法规规定及各管理层级对该模式的认识不同等原因，均未进行真正的实践探索，直至2015年交通运输部发布《关于深化公路建设管理体制改革的若干意见》和出台《公路建设项目代建管理办法》，为“代建、监理一体化”新模式的实践提供了政策支撑。同年，海南省琼中至乐东高速公路（琼中至五指山段）项目开始建设，也开始了对“代建、监理一体化”模式的实践探索。

3.1 项目简介

海南省琼中至乐东高速公路（琼中至五指山段）项目为海南省高速公路主骨架网的重要组成部分，路线全长77.2km，其中主线长59.3km，采用双向四车道高速公路标准。项目总投资65亿元,其中建安费50亿元;施工工期3年,2016年3月开工,计划2019年3月完工。本项目采用“代建、监理一体化”建设管理新模式,由业主公开招标代建单位负责代建、监理工作,不再单独招标监理单位,业主委托代建单位公开招标施工单位。

3.2 “代建、监理一体化”模式的实施

代建单位在项目设置代建指挥部,具体负责项目代建、监理工作,指挥部管理人员由代建单位内具备代建管理经验的人员和监理人员组成。项目管理架构如图4所示。

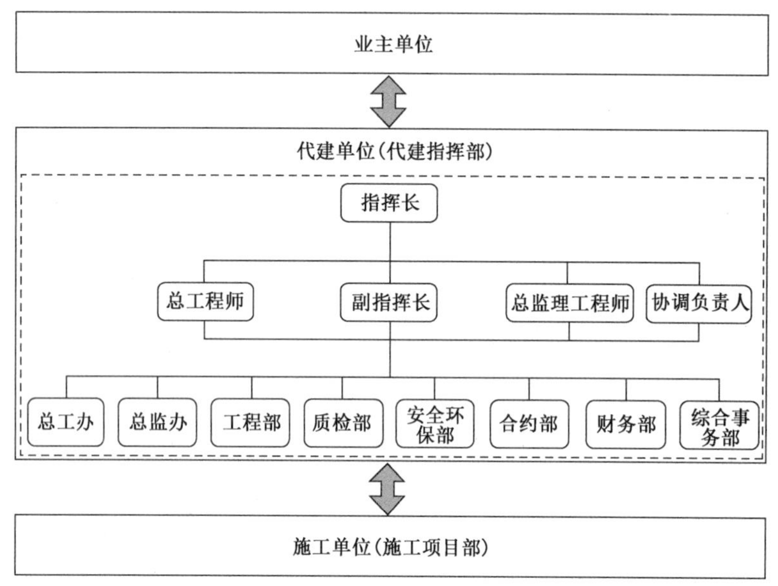

图4 项目管理组织架构

在上述架构中,总监理工程师被列为代建指挥部负责人之一,总监办由传统的独立监理机构被编为代建指挥部职能部门之一,通过明确职责分工,各部门和所有人员共同履行代建和监理职责。通过这种整合的管理架构,使传统的代建、监理机构实质性融为一体。

在项目建设之初,代建指挥部制定了一系列“代建、监理一体化”管理制度,明确了内部各部门和岗位职责,并通过向上汇报和向下交底加强了参建单位对该模式管理程序的认识。代建指挥部与业主单位共同编制了适用于“代建、监理一体化”模式的内业资料格式,确保了参建单位间程序和指令的顺畅。在项目实施管理中,代建指挥部内所有人员共同履行代建和监理职责。

3.3 模式的实践效果

通过对“代建、监理一体化”模式的实践,主要取得了以下效果:

(1)提高了监理管理水平,发挥集约式管理效果

在项目实施的新模式下,代建管理人员同时是监理人员,一岗双责,大家能够统一管理思路并执行。指挥部内部对原监理人员与其他管理人员进行相同的严格考核,使原监理人员能更好地发挥管理职能,将各项管理要求执行、落实得更彻底,从而有效发挥了整个机构的集约式管理效果。

(2)管理程序得到简化,提高工作效率

项目实施后,代建指挥部即结合建设管理模式特点明确了代建、监理工作程序,并向内部、外部(其他参建单位)进行广泛讲解、交底,加强和统一各参建单位及人员对新模式的理

解和认识。在日常项目管理过程中,减少了传统模式中参建单位间的诸多不必要的上报、反馈等环节,也避免了管理单位间部分职责交叉、重叠的问题,以及由此引起的工作和责任的推诿、推脱。“代建、监理一体化”模式使管理程序执行顺畅、协调,提高了工作效率。

(3)有利于工程管理目标的实现

统一、有力的管理模式有利于管理思路与要求的落实,从而有利于工程质量、安全、进度、投资等管理目标的实现。例如,该项目业主对代建单位提出了明确的投资控制目标,新模式下,代建单位从设计图纸审查、与施工单位的合同条款签订、现场变更管理、计量与支付等各个环节都有足够的把控及管理力度,有利于项目投资控制。

4 总结与建议

4.1 总结

本文通过对“代建、监理一体化”建设管理模式的理论分析与实践研究,得出了该模式的实施是科学的和可行的,并能解决传统建设管理模式及代建、监理单独设置中的以下问题:

(1)行政管理单位(政府)人力物力资源不足导致的建设管理能力不足;

(2)行政管理单位与项目建设管理单位(代建单位、监理单位)之间,以及不同项目建设管理单位之间的权责不清,管理混乱和效率低下;

(3)多个项目建设管理单位对施工单位造成的多头管理,指令混乱;

(4)设立多个项目建设管理单位造成的人力物力等资源浪费。

另外,“代建、监理一体化”模式的实施,还存在以下优势:

(1)提高监理人员的工作素质,并利于监理企业的转型;

(2)有利于国家加快推进项目建设现代化、专业化管理,提高工程质量和安全,提升工程建设品质。

4.2 存在的问题与建议

目前,虽然在交通运输部发布《关于深化公路建设管理体制改革的若干意见》和出台《公路建设项目代建管理办法》中鼓励或允许代建单位同时承担代建和监理工作,但受到当前相关法规和制度的限制,“代建、监理一体化”模式的实施存在以下问题:

(1)“代建、监理一体化”后的实施机构还没有一个独立、规范、有效的名分实施统一和更合理的部署管理,多数原监理工程程序尚需监理职务人员执行。例如:《公路工程施工监理规范》中规定“总监应对施工单位报审的施工组织设计进行审查,并在规定的期限内批复”,造成即使总工程师符合国家规定的总监资格要求,只因为不是总监职务而无法对施工单位的施工组织设计进行审查、批复,即面对新的建设管理模式,国家政策的相对滞后使得代建、监理无法更深入地融合。

(2)“代建、监理一体化”后,项目管理中尚存在部分不必要或重叠的程序,没有得到政策的支撑实现管理程序的深入简化。例如:《公路工程施工监理规范》中规定“监理机构应按权限审核、办理施工单位提出的工程变更申请,对涉及修改工程设计文件的工程变更,应报建设单位组织处理”,即虽然代建、监理机构实现了一体化融合,但融合后的一个机构中的部门间仍需分别履行监理、代建职责,使得代建、监理融合后的机构内仍存在程序冗繁。

综上所述,建议在实施或探索实施“代建、监理一体化”模式的项目中,允许实行“代建、监理一体化”的项目建设管理单位对新模式的管理程序及方式进行大胆探索。另外,更根本的解决方法为国家应尽快出台适用于“代建、监理一体化”模式的法规和制度。

基于物联网技术在公路建设项目试验检测管理中的应用与实践

林水荣　汪祥立　李庆斌

[海南省琼中至乐东高速公路(琼中至五指山段)代建指挥部]

摘　要:试验检测作为工程质量控制的重要手段,在项目管理过程中具有重要作用。传统的试验检测已经不能很好地满足交通运输行业发展要求,利用物联网技术对试验检测进行管理成为迫切需要。本文通过介绍以物联网技术为核心的工地试验室试验检测数据监控系统的结构、技术原理及功能模块设计,从系统使用功能上总结出了试验检测基于物联网技术管理的优势,不断提高完善试验检测技术。

关键词:物联网;试验检测;数据监控系统

1　引言

随着我国交通运输行业的快速发展,高速公路里程不断突破,人们的关注焦点已经从单纯的要里程、要数量逐渐向高速公路的耐久性、行车舒适性、安全性转变,人们对工程建设质量的要求越来越高。工地试验室作为公路建设项目管理的关键环节,对工程质量的管理扮演着重要角色,其试验检测工作作为工程质量控制的重要手段和质量评判的基础数据来源,是工程质量能否得到保证的重要前提。

近年来,国家各有关部门对试验检测工作提出了更高的要求,2013 年交通运输部提出,公路建设项目工地试验室应加强标准化、信息化建设,鼓励采用具有自动采集和监控系统的智能检测设备和手段,提高试验检测报告的客观性和规范性,提升工程管理水平。从高速公路建设技术发展,工程质量管理理念不断进步的角度看,为了更好地推进试验检测工作规范化、信息化、高效率的进程,将物联网技术应用到工地试验室的运行和管理中,构建试验检测数据监控系统,提高工地试验室管理效率,是时代发展的趋势。

2　物联网与工地试验室数试验检测据监控系统

物联网,顾名思义即"物物相连的互联网",它的核心和基础仍然是互联网,它是一种利用射频识别(RFID)装置、红外传感器、全球定位系统等信息传感设备与互联网互相连接,将事物的信息智能化识别、跟踪、监控和管理的一种网络平台。

物联网技术目前主要应用于智能家居、智慧城市、智能交通等领域，在公路建设行业的应用也越来越广泛。工地试验室试验检测数据监控系统作为一种利用物联网技术设计出的平台，它是利用信息技术将试验设备与数据采集设备、业务管理和业务监控软件有机结合，进行数据采集、数据传输和数据处理的一种网络平台。

3 系统设计

3.1 系统结构

试验检测数据监控系统主要由数据采集子系统、数据自动传输子系统及数据分析处理平台三个子系统构成，如图1所示。

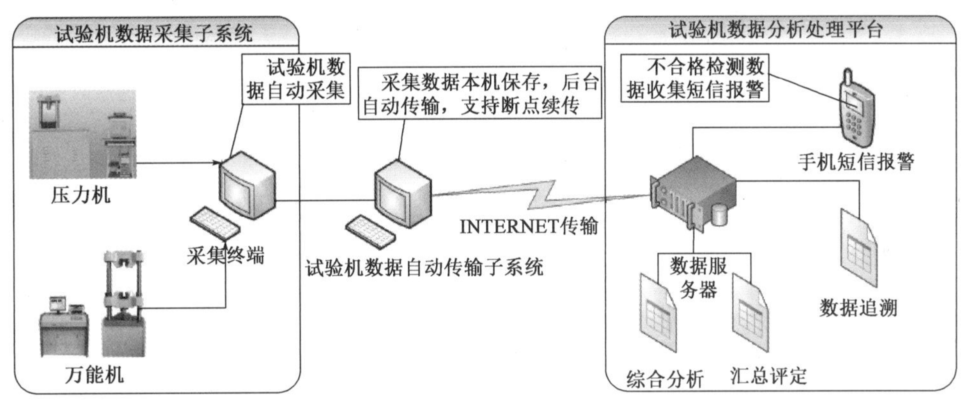

图1 试验数据监控系统

数据采集子系统是在试验室部署数据采集设备、Web 服务器、接口服务器，将采集的数据上传到采集终端电脑。

数据自动传输子系统是指系统将采集的数据保存在本机过程中，由后台利用 Internet 自动上传网络平台。

数据分析处理平台主要由数据服务器、网络平台及手机接收终端组成，进行数据熟悉、质量判定、数据追溯及不合格数据警报。

3.2 系统功能模块设计

试验检测数据监控系统主要功能模块包括以下四个部分。

(1)试验室管理

进行试验人员、设备、质量活动、试验数据等查询及维护管理。

(2)试验机联网

对万能试验数据及压力试验数据进行分类管理，并对数据进行质量分析及评定。

(3)水稳拌和站、沥青拌和站数据管理

对水稳拌和站及沥青拌和站产能、原材料用量等进行监控，对生产情况进行分析管理，及时发现生产过程中产生的配合比偏差，并进行纠正。

(4)路面施工监控

通过安装在摊铺机上的数据采集设备实时采集摊铺过程数据，对沥青摊铺温度、摊铺速度等关键施工要点进行监控。

3.3 技术原理

3.3.1 数据采集

通过在压力机、万能机等试验仪器设备上部署采集终端，在试验人员试验过程中，系统后台自动采集试验数据。数据采集过程独立于试验过程，属于第三方数据采集，试验人员无法对数据进行更改，确保试验数据不被造假，真实有效。

3.3.2 数据传输

试验数据采集完成后，系统将自动使用加密数据库的形式将数据保存到本地接收电脑上，同时，系统后台同步将采集到的数据自动利用 Internet 网络传输到中心服务器上，且支持断点续传，保证数据采集连续性。

3.3.3 互联网技术

利用 J2EE 技术开发互联网平台，存储采集到的数据，建立工程质量数据库，为质量分析、质量评定和质量追溯提供依据。

3.3.4 数据处理

(1)数据追溯

管理人员可以根据对数据的查询需求，根据项目名称、合同号、试验名称、试验时间等条件进行试验数据的历史追溯。

以钢筋试验为例，试验管理人员可以根据查询条件对钢筋试验历史数据进行查询，如图 2 所示，并能从查询数据表中清楚地了解到钢筋试验结果。同时，系统还可以将具体检验批次的钢筋试验数据以图表及图形的形式直观的反馈给试验管理人员，如图 3、图 4 所示。

首 页　试验室管理　试验机联网　水稳站数据　沥青站数据　路面施工监控

当前位置：试验机联网>>万能试验数据查询

项目 -请选择项目-　标段 -请选择标段-　试验机名称 -请选择试验机-　每页条数 15

保存时间 2017-12-22 00:00:00　至 2018-01-22 23:59:59　查询　重置

试验机名称	试验类型	工程名称	施工部位	制件日期	试验日期	试件编号	试件尺寸	公称直径	屈服力	屈服强度	最大力值	抗拉强度	评定结果	详细	图形
中心试验室300万能机	钢筋试验	交安工程	交安工程		2018-01-05	YP-2018-GJJ-CJC3-003		12	56.24	497	75.689	669	合格	查看	曲线
									55.98	495	76.135	673			曲线
中心试验室300万能机	钢筋试验	交安工程	交安工程		2018-01-05	YP-2018-GJJ-CJC3-004		14	67.36	438	90.031	585	合格	查看	曲线
									68.48	445	90.64	589			曲线
中心试验室300万能机	钢筋试验	交安工程	交安工程		2018-01-05	YP-2018-GJJ-CJC3-01		6.5	11.50	347	16.744	505	合格	查看	曲线
									11.45	345	16.833	507			曲线
中心试验室300万能机	钢筋试验	交安工程	交安工程		2018-01-05	YP-2018-GJJ-CJC3-002		8	17.50	348	25.486	507	合格	查看	曲线
中心试验室300万能机	钢筋试验	标志基础	标志基础		2018-01-02	YP-2018-GJJ-CJC1-001		8	16.12	321	24.367	485	合格	查看	曲线
中心试验室300万能机	钢筋试验	混凝土立柱	混凝土立柱		2018-01-02	YP-2018-GJJ-CJC1-003		12	45.58	403	70.398	622	合格	查看	曲线
									46.32	410	70.691	625			曲线

图 2　万能试验机试验数据查询表

(2)数据分析

系统根据采集到的数据以绘制图表的方式进行质量波动分析、质量分布图分析等数据分析，从微观数据中，更直观地反映工程质量情况，为试验管理人员提供指导。

试验机名称	中心试验室300万能机	
试验类型	钢筋试验	
工程名称	交安工程	
施工部位	交安工程	
制件日期		
试验日期	2018-01-05	
试件编号	YP-2018-GJJ-CJC3-003	
试件尺寸		
公称直径	12	
品种编码	HRB400E	
评定结果	合格	
原始标距	60.00	60.00
断后标距	75.00	75.02
最大力值	75.689	76.135
抗拉强度	669	673
屈服力值	56.24	55.98
屈服强度	497	495
伸长率	25	25
最大力总伸长率	20.5	20.5

图3　钢筋试验数据

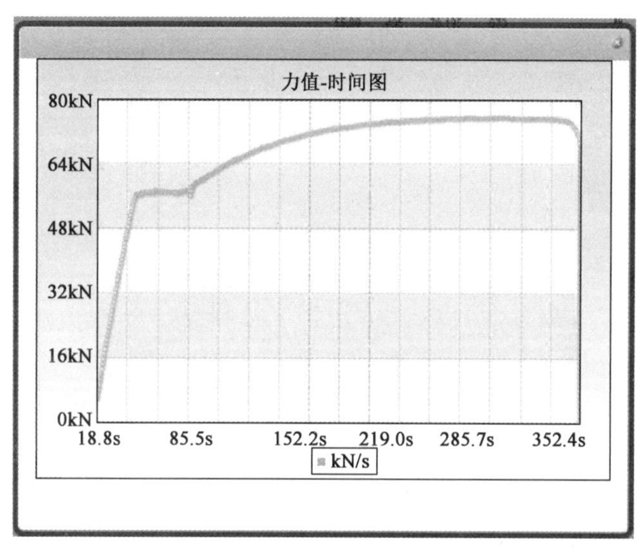

图4　钢筋试验力值数据图

以混凝土质量为例,试验管理人员通过系统能够快速对某一时间段、某个强度等级的混凝土质量进行趋势分析,判断出该时间段内混凝土施工质量情况及不合格情况。如图5所示,我们容易发现有两个点低于设计强度下限值,通过点击该不合格点,系统将显示该不合格点的工程部位、施工日期等相关信息,便于针对性整改。

(3)不合格数据报警

试验数据采集后,系统后台自动对采集到的数据进行处理,并根据存储在平台上的相关技术标准、规范对采集到的数据进行判定,同时将处理结果进行分类统计。针对不合格的数据,系统将单独排列(图6),便于查看,并通过手机短信及时发送给相应的管理人员进行报警。管理人员可以在网络平台上快速掌握现场检测情况及不合格试验情况,为管理人员通知施工现场整改提供依据,避免不合格工程。

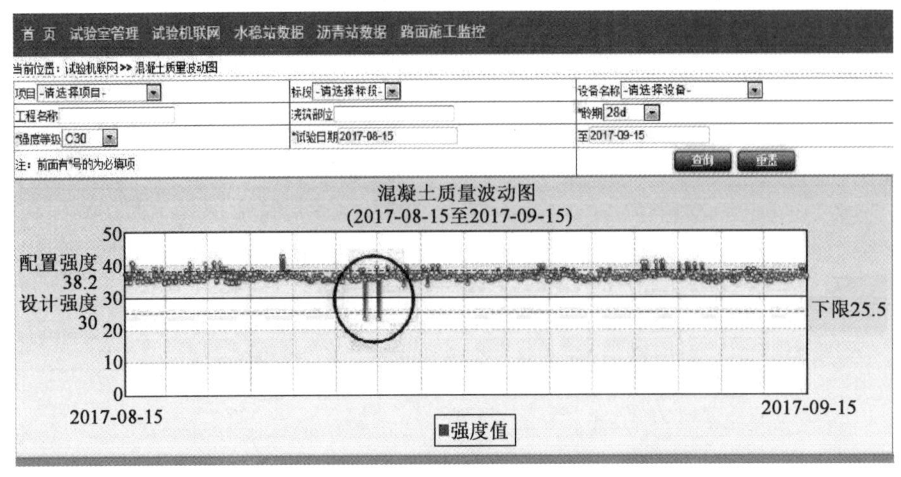

图5　混凝土质量波动图

首 页 试验室管理 试验机联网 水稳站数据 沥青站数据 路面施工监控

当前位置：试验机联网 >> 不合格万能试验数据查询

项目 -请选择项目-　标段 -请选择标段-　试验机名称 -请选择试验机-　每页条数 50

保存时间 2016-10-01 00:00:00　至 2018-01-22 23:59:59　评定结果 ◉不合格 ○有效 ○作废　查询　重置

试验机名称	试验类型	工程名称	施工部位	制件日期	试验日期	试件编号	试件尺寸	公称直径	屈服力	屈服强度	最大力值	抗拉强度	评定结果	详细	图形	作废处理
中心试验室300万能机	钢筋试验	箱梁	箱梁		2017-07-11	YP-2017-GJJ-CJA3-47		8	16.58	330	25.077	499	不合格	查看	曲线	作废
									16.61	330	24.664	491			曲线	
中心试验室300万能机	钢筋试验	箱梁	箱梁		2017-07-11	YP-2017-GJJ-CJA5-64		12	50.08	443	63.773	564	不合格	查看	曲线	作废
									50.94	450	63.157	558			曲线	
中心试验室300万能机	钢筋试验	箱梁	箱梁		2017-07-11	YP-2017-GJJ-CJA3-48		10	29.82	380	39.678	505	不合格	查看	曲线	作废
									29.20	372	39.513	503			曲线	

图6　钢筋试验不合格数据统计结果汇总表

4　试验检测基于物联网技术管理的优势

4.1　保证试验检测数据真实性

试验检测是一项专业性非常强的工作，作为工程质量“事前控制”的重要手段，其数据的真实、可靠性直接影响工程质量。试验检测数据监控系统在试验过程中对数据实时采集上传，并采取加密机制以数据库形式保存，防止人为篡改和数据泄露，确保试验数据的真实、可靠，同时，数据发送支持断点续传，保证了上传数据的完整性。

4.2　提高工作效率，节约建设管理成本

试验检测工作中，通过物联网技术对试验检测进行管理，试验数据监控系统在工作过程中能够自动根据相应技术标准、规范要求对采集到的试验数据进行计算，绘制图表，并根据评定标准对检测结果进行判定，同时产生试验检测报告，这在某种程度上减轻了试验检测人员的工作量，减少了试验检测人员对试验数据的处理时间，极大地提高了试验检测工作效率。此外，利用试验检测数据监控系统协助试验检测工作，对试验检测过程进行实时监控、

数据处理和分析，一切工作直接在计算机上完成，无须打印纸质材料，实现了无纸化办公的环保、节约要求，减少了建设成本。

4.3 有利于试验检测数据的分析管理

试验检测工作中要对试验检测数据进行集中分析，从众多试验资料中找出试验管理人员所需要的资料往往是一件比较困难的工作，需要人为地对照试验检测台账从庞大的纸质资料中一一查找，并且在对检测数据进行对比分析及趋势分析时较难实现。而试验检测数据监控系统会自动对数据进行处理、分析，根据检测性质进行分类存储，便于试验管理人员对试验检测结果进行深度处理，同时，系统将不合格数据进行单独罗列、提示、醒目标注，也有利于试验管理人员对不合格数据进行分析。

4.4 有利于建设单位试验检测管理

在公路建设过程中，建设单位对现场施工质量问题了解渠道比较狭窄，工程试验检测情况往往无法传达到建设单位管理人员那边，或传达相对滞后，直接影响了建设单位管理人员对现场的管理。试验检测数据监控系统通过将试验检测数据不合格情况以短信报警的形式及时通知建设单位，确保建设单位管理人员能够第一时间获取信息，针对不合格情况，及时通知、指令施工现场进行整改。

5 结语

随着我国交通运输行业的快速发展，工地试验室试验检测工作作为工程质量控制的重要环节，对工程建设的作用也变得越来越重要。为了使工地试验室建设及管理能够满足工程建设信息化和智能化建设要求，提升试验检测管理水平，将试验检测与物联网技术相结合，建立试验检测数据监控系统，对试验检测全过程实时监控、分析及评判，确保试验检测的公开性和真实性，可供试验管理人员实时查询、分析及指导工程质量管理，推动我国公路建设项目试验检测技术不断革新，管理不断完善。

营改增后高速公路施工单位税负变化和应对

宋　奇　连文峰　高芳植

[海南省琼中至乐东高速公路(琼中至五指山段)代建指挥部]

摘　要:高速公路施工单位的营改增税务改革是必然趋势。为了保障高速公路企业的基本权益,有必要彻底认识到营改增对高速公路施工单位带来的税负影响,并进行深度剖析,提出有效应对策略,防患于未然,保障高速公路施工单位的基本权益,使营改增体制改革真正发挥出最大效力,促进经济的可持续发展。

关键词:公路施工;营改增;税务改革;税负

1　引言

营业税和增值税是我国的两大主体税种,将营业税改为增值税是我国财税体质的一次重大变革。营改增的全面推行,无论对我国宏观经济调控,还是各类企业都有很深远的影响,我国各行各业必须重视。与营业税的单一性相比,影响增值税计征的因素更加多样性,只有进行深入的分析和研究,把握增值税计征的重点和关键,做好应对,才能最大限度地降低企业税负。高速公路施工属于建筑行业领域,营改增给企业带来的巨大挑战。为了最大限度降低企业税负,高速公路施工单位必须紧紧围绕"进项税"抵扣这一环节,从企业的经营管理、分包队伍选择、设备租赁以及材料采购等方面出发,进行积极的应对和改进。目前对"营改增"的研究基本上是从国家宏观经济方面进行的,从企业的角度研究增值税的抵扣因素,以及营改增对高速公路施工单位税负的直接影响则相对较少,但与前者相比后者无疑更具有实际意义。

2　营改增的历程和起因

营改增的全面实施,主要经历了三个阶段:第一阶段是2011年财政部、国家税务总局联合下发营业税改增值税试点方案;第二阶段是2012～2016年,从上海营改增试点开始,范围不断推广到全国试行;第三阶段是2016年5月1日,我国全面推开营改增试点,营业税退出历史舞台。

我国进行"营改增"的原因虽然很多,但主要原因有两个,一是由于营业税已经不满足国家宏观调控的需求,不能达到国家给企业减负的目的,追其根源是因为营业税本身存在一些弊端和不足,如重复征收等,这些弊端都给企业带来较重的税负。二是与增值税相比营业税有很大的先天优势,企业可以按照相关规定进行增值税抵扣,避免企业重复征税,从而提高企业的议价能力,同时也一定程度上限制了“逃税漏税”的发生,保证了国家基本税收,便于我国产业结构调整目标的实现。特别是随着我国市场经济的不断完善和发展,急需对国家产业结构进行调整,以满足我国社会经济和企业发展的实际要求。

3 “营改增”前后高速公路施工单位税负变化

总体来说,“营改增”对高速公路施工单位生产经营的影响比较大。从税率上来看,“营改增”之前,高速公路施工单位所应承担的营业税税率为3%,“营改增”后承担的增值税税率为11%,相差8%。从这一点来说,“营改增”后增加了高速公路施工单位的税负,同时对施工单位的生产经营模式、业务开拓方向、成本管理、合同管理以及财务管理等方面均会产生直接或间接的影响。

“营改增”前,高速公路施工单位交纳的主要是营业税。营业税计税简单,仅与开具发票的金额有关,施工单位应交纳营业税税额公式为:应纳税额 = 开发票金额 × 3% 的营业税税率。从公式中可以看出,只要高速公路施工单位开具发票,直接计算出企业应缴纳的营业税。“营改增”后,高速公路施工单位的营业税不再征收,取而代之的是征收增值税,应交纳增值税税额公式为:应纳税额 = 开发票金额合计 ÷ 1.11 × 11% 的增值税税率-进项抵扣增值税税额(取得的增值税专用发票抵扣额)。相比营业税,增值税主要体现了进项税在对销项税抵扣方面的多样性和复杂性。

4 当期进项税额抵扣情况

进项税的抵扣主要有以下几个方面:

4.1 材料采购当期进项税额抵扣

按照征收税率标准,高速公路所需主要材料有两种税率:一是砂、碎石、商混凝土等地材税率为3%;二是钢筋、水泥及油料等大宗材料的税率为17%;而高速公路施工的销项税率为11%。所以材料的抵扣情况需要结合项目的具体情况、各类材料的需求、地理位置等方面的因素进行综合分析,钢筋、水泥及油料使用较多的时候,就会减少企业税负;地材需求量大的时候就会增加企业税负。

4.2 人工劳务当期进项税额抵扣

高速公路施工单位的人工劳务取得的收入,在营改增之前,按照3%的税率缴纳营业税额;营改增后,则要按照11%的增值税税率计算销项税额。两者相差将近8个点,对高速公路施工单位是完全的增加税负,而且在工程实际施工过程中还存在两种情况:一是因自行组织人工施工的无法取得专用发票而不能抵扣;二是取得的劳务单位开具的专用发票税率为3%。

4.3 机械设备当期进项税额抵扣

根据国家现行财税的相关规定,有形动产租赁服务实行营改增,计税方式有以下两种情况:第一种是一般计税法,适用于一般纳税人,税额计算公式为:应纳税额 = 销项税额 - 进项税额,销项税率为17%;另外一种是简易计税法,适用于一般纳税人及小规模纳税人,计算公式为:应纳税额 = 销售额 × 税率,税率为3%。

从现有的机械设备租赁市场情况来看,如果要取得17%的增值税专用发票,势必提升租赁价格,增加高速公路施工单位成本,因此,势必要在租赁成本和抵扣之间找到平衡点。

4.4 其他当期进项税额抵扣

除了以上三类当期进项税额抵扣的情况外,高速公路施工单位还存在以下两点税额抵扣困难的情况:一是企业存量资产的当期进项税额抵扣困难,比如高速公路施工单位在“营改增”之前所拥有或购置的资产(机械、设备、材料等),将作为资产原值或者成本进行处理而无法在相应的进项税额中进行抵扣;二是管理成本等方面的当期进项税额抵扣困难,如施工企业员工的行程路费和餐饮均不能进行抵扣,此外企业在承接业务时,会结合企业自身和项目情况,存在资质共享现象(如联合体中标,劳务合作等),而这些都无法进行进项税额抵扣,相应都会增加企业的税负。

5 高速公路施工单位“营改增”后的应对措施

5.1 优化企业管理模式

“营改增”前,高速公路施工单位的管理模式是在征收营业税背景下形成的“营改增”之后,高速公路施工单位应积极对各个管理环节和流程进行梳理,对管理模式进行优化和改进,对已经存在预算制度、财务制度进行完善,以应对目前的赋税制度。

5.2 提升企业的精细化管理水平

相比营业税,增值税更加灵活多样,也导致对企业的精细化管理要求更为严格,因此对于高速公路施工单位来说,要在企业和项目精细化管理方面不断改进和提升。

比如在地材采购方面,运输与材料分别签订合同(运输类为11%,材料采购为3%),可以合理减少税负。

另外在设备选择租赁或购置时,要综合考虑增值税抵扣对成本的影响。

5.3 合理运用财务管理策略

加强财务管理工作的建设。一方面构建核算制度,降低运营成本;另一方面加强企业人员对增值税的理解和节税意识,这方面可以通过定期的培训,关注增值税的动向,采取合理的办法策略能够有效降低施工单位的税负,减少负担。

5.4 精选合作“伙伴”

高速公路施工不仅需要施工单位自身有一套过硬的管理人员,同时也需要各种合作“伙伴”,如材料供应商、劳务公司、租赁公司等,在这些合作“伙伴”的选择上一定“精挑细选”,不仅要关注业绩、规模,也要关它们的财务和纳税等方面,以最大程度减少“伙伴”造成的隐形税负。

6 结语

总之,在现行阶段高速公路施工行业计征增值税未能达到国家减轻企业税负的目的,反而在一定程度上在加重了高速公路施工企业的税负。但是随着增值税工作全面展开,不断完善计税体系,充分发挥营改增的优势,这些问题能够得到有效解决。而在此之前,施工单位从自身做起,通过高效精细的管理,以及合理避税等手段,降低施工成本。此外,政府职能部门应当根据施工单位税负现状,通过修改定额、降低征税税率、完善材料定价体系以及出台扶持政策等办法进行缓解,从而实现高速公路行业良性发展。

浅谈“代建、监理一体化”模式下如何开展好监理工作

李继波

[海南省琼中至乐东高速公路(琼中至五指山段)代建指挥部]

摘　要:代建、监理一体化模式下监理工作的开展和探索实践,对现行公路工程监理工作是有积极意义、示范性和引领作用。在这一新的管理模式下开展好监理工作意义十分重大。只要我们使代建管理与监理管理两个管理职能充分融合好,督促施工企业主体责任到位,优化监理工作程序,强化监理措施落实,重视监理队伍建设和考核制度的完善,坚持在监理实践中这样做,就能够在代建、监理一体化模式下开展好工程监理工作,也将引领和促进国内公路建设项目管理和监理管理工作水平的全面提高。

关键词:代建、监理一体化;监理工作

1　引言

中国经济的持续健康发展,不仅带动了公路建设的快速发展,也带来了公路建设管理制度的创新和发展,经过几十年的公路建设实践,我国公路建设管理逐步确立了以项目法人责任制度、工程招标投标制度、工程监理制度和合同管理制度等四项基本管理制度为核心的公路建设管理体系,对保证公路基础设施建设的持续快速和健康有序发展发挥了重要作用。也正因为公路建设的快速发展,尤其是新的公路建设投融资方式的多样化和多渠道融资形式的出现,创新出多种形式的项目建设管理模式,相应的也需要对传统的监理管理方式和管理模式进行改进和创新。以往由于施工单位技术力量较弱,施工管理能力不强,需要监理单位在技术和管理上发挥监控和指导作用,也是一种“保姆”式的监理方式。但随着施工单位管理能力、管理手段、施工机械装备水平的极大提高,使得传统的监理模式已不能适应快速发展的变化,必须要有所转变和创新。同时,四项基本管理制度特别是工程监理制度赖以存在的法律行为基础和环境也在发生着重大变化,面对变化和所凸显出来的矛盾,交通运输部印发了《关于深化公路建设管理体制改革的若干意见》(交公路发〔2015〕54 号),提出创新项目建设管理模式,鼓励代建单位统一负责项目建设管理工作和监理工作,以探索建立与现代工程管理相适应的公路建设管理体系,适应深化公路建设管理体制改革的需要,促进公路建设科学发展。

基于上述行业发展形势及政策背景,"代建、监理一体化"管理模式应运而生。作为项目建设管理的改革试点模式,其核心宗旨是整合代建、监理管理机制,减少管理层级,推行专业化管理,避免相同职能管理部门的重复设置,理顺项目管理机构内部职能,明确管理界面,避免管理职能交叉,充分发挥集约高效的管理优势,提高项目管理效率与水平,更好地实现项目建设的预期目标。有鉴于此,如何在"代建、监理一体化"这一新模式下更好地开展监理工作,切实发挥好监理职能,使监理工程师有效履行监理职责就显得尤为重要。就此问题,本人谈谈个人见解。

2 代建、监理一体化模式简述

代建、监理一体化模式是一种新型的项目建设管理模式,由项目建设管理法人统一负责项目的全部建设管理工作和监理工作。依据《公路工程施工监理规范》,并围绕交通运输部《关于深化公路建设管理体制改革的若干意见》提出的相关要求,结合工程项目实际组建项目管理及监理组织机构,进行项目管理制度改革和创新,从而,对建设项目实施全过程建设管理和工程监理,确保项目的质量、安全、进度、投资、环保能得到有效控制。

2.1 代建、监理组织机构的主要形式

(1)代建、监理一体化模式就是代建单位履行项目建设管理法人工作职责,负责一体化实施建设管理和监理工作,是项目建设期的责任主体。因此,代建、监理机构设置时应遵循管理事务全覆盖、管理资源按需配备、管理层次闭合的原则。

(2)代建单位与项目法人签订代建合同后,成立项目代建指挥部,设指挥长、副指挥长、总工程师、总监理工程师等领导岗位,下设总工程师办公室、总监理工程师办公室、工程部、安全环保部、合约部、综合事务部等相关职能部门;同时可视项目具体情况设置若干个分部,每个分部负责管理 2 ~ 3 个合同段。在具体管理实践中对管理机构设置可以根据具体工程项目特点精简和优化管理层级及部门设置。(图 1 为国内正在实施代建、监理一体化管理模式的组织机构实例。)

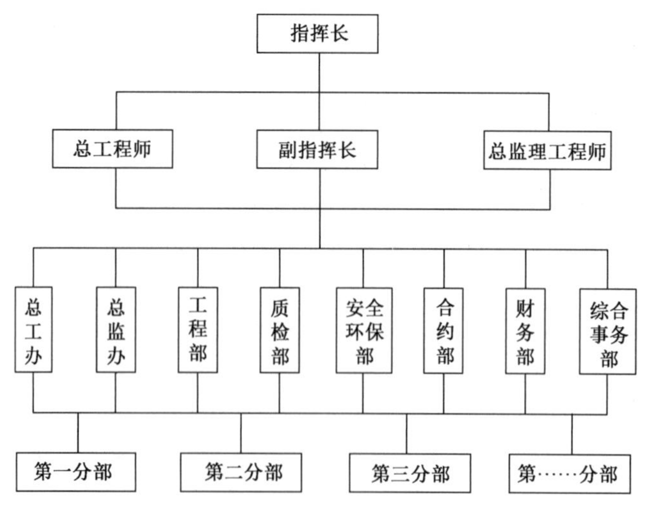

图 1 组织机构

2.2 代建、监理一体化管理模式的特点与优势

相对传统模式,在新模式下,总监办由传统的独立监理机构变为代建指挥部职能部门之

一，日常现场管理由代建指挥部分部负责（一般分部设主任和驻地监理工程师两名负责人，也可根据项目特点不设分部，而设若干有监理工程师资质的专业工程师进行日常现场管控），各职能部门按照分工履行各自的管理职责，同时对分部工作给予支持和指导。

这种管理架构整合及监理工程师业主身份的确立，使传统的代建、监理机构实质性融为一体，实现了最高效的岗位优化和高效率的工程管理。监理工程师与业主工程师合二为一既是项目业主工程师也是持证执业的监理工程师，是一岗双责，一专多能。监理人员同指挥部其他管理人员一样，能够直接领会指挥部的管理思路，各管理层级之间能够进行有效沟通，监理人员在现场管理中也能够得到更有力的支持（技术上或管理手段上），更好地发挥监理管理职能，将各项管理要求执行、落实得更彻底，从而有效发挥了整个机构的集约式管理效果。

与传统管理模式相比代建、监理一体化模式具有如下优势：

（1）提高监理管理水平，发挥集约式管理效果。管理层次减少了，管理效率提高了，管理成本降低了，管理效率和效能得到充分发挥。

（2）管理程序得到适度简化，提高了工作效率。代建、监理为一个管理机构，减少了诸多不必要的上报、反馈等环节，也避免了过去职责重叠，对管理认识看法不一致等现象，工程管理程序更加简洁、顺畅。同时，代建、监理责任明确清晰，内部职能部门分工明确后，各司其职，各负其责，管理节奏统一一致，避免传统模式下不同管理机构间工作和责任的推诿、推脱，也有利于管理工作的统一性和协调性。

（3）有利于工程管理控制。①代建单位承担双重职责，责任加大，但同时管理权利与力度也得到加强，代建管理机构对工程整体把握与控制力更强，代建单位能有效履行各项管理职责，这也就有利于保证工程建设质量、进度和安全等各项管理目标。②代建管理机构工作程序比传统单独的代建、监理两家单位之间更协调，有利于合理推进工程进度。③项目法人对代建单位提出了明确的投资控制目标，而代建单位从设计图纸审查、与施工单位的合同条款签订、现场变更管理、计量与支付等各个环节都有足够的把控及管理权利，有利于项目投资控制。

（4）监理与检测职能相对分离，有利于工程质量保证。监理中心试验室由投资人单独招标，具有一定的独立性，促进了试验工作的公正性。代建、监理单位同中心试验室明确分工，各司其职并密切配合，代建、监理单位侧重于事前、事中质量控制，检测单位则侧重事后质量验证，共同控制工程质量。

在代建、监理一体化管理模式下，监理工程师主要职责就是对施工现场的进度、质量和安全等实行全方位、全过程的管控，重点是强化承包人自检，突出质量安全程序控制和隐蔽工及重要工序的验收。因此，代建、监理一体化管理模式下监理作用发挥的好坏十分关键，对项目管理成败也至关重要，如何更好、更有效地发挥监理职能确实事关工程项目的成败。

3 代建、监理一体化模式下监理工作的开展

做好代建、监理一体化模式下的监理工作，必须贯彻执行好《公路工程施工监理规范》，同时，围绕交通部《关于深化公路建设管理体制改革的若干意见》提出的相关要求，从以下几方面开展监理工作：

3.1 充分融合业主工程师与监理工程师两个工作职责，使一体化得以真正体现，有效减少人力物力投入和管理方面的重叠

业主工程师与监理工程师融为一体后监理工程师的权威性加强了,工作任务与责任增加了,应该杜绝传统监理模式下处理问题的随意性、责任方面的推诿扯皮现象。同时,在进度、质量和安全等统筹协调方面都要有更加积极的态度和一盘棋的思想,以此来开展监理工作,尽量减少过去那种只偏重于质量和安全管控,而放松对进度和投资的管理。通过充分融合及有效的工作分工,使监理工程师把工作重点放在抓方案预审、抓程序控制、抓重点部位、抓关键环节的有效管控上,更好地把对现场工程质量和安全管理的否决权真正落实到位。

3.2 督促施工企业加强自检体系建设,突出施工单位的主体责任

强化施工企业质量及安全和管理的主体责任至关重要,也是工程项目顺利实施的关键。因此,要积极贯彻交通运输部《关于深化公路建设管理体制改革的若干意见》中明确提出的"工程施工质量和安全的第一责任人是施工单位"以及"改革传统的监理工作方式,调整监理的运行机制和工作重点,强化施工单位的质量安全主体责任和自管能力"的要求。监理工作要紧紧围绕这一要求以管理手段、制度措施来强力推进施工单位主体责任的制度化建设,督促施工单位强化质量安全的主体责任,提升自管能力,建立健全质量、安全及合同等管理制度和自检自保体系,尤其是促其各项管理目标的考核、奖罚及激励机制的有效运转,确保施工单位的主体责任能够有效落实。

3.3 加强项目管理,优化监理工作程序

(1)优化工作管理流程,提高监理工作效率

交通运输部《关于深化公路建设管理体制改革的若干意见》明确提出要"坚持问题导向,进一步完善工程监理工作体系。突出程序控制、工序验收和抽检评定,适当减少旁站、平行试验和内业工作量,强调监理对质量安全关键问题的话语权和否决权" 等。因此,监理实践中要有效改进监理工作方式,以质量、安全为重点,加强程序控制、工序验收和抽检评定,重点加强对隐蔽工程和关键部位的监理管控,减少代建监理单位内部工作层级,强化工序报检及中间验收过程的话语权,重在行使对质量安全等问题的过程监督权和否决权是现场监理工作的落脚点和有效手段。

(2)简化管理表格,精简内业工作量

现行《公路工程质量检验评定标准》重点是突出工序验收,新版《公路工程监理规范》也提出重点对关键实测项目进行检测,所以,监理工程师除对规范要求的 A 表中《中间交工证书》和《检验申请批复单》必须签认外,对其余施工单位的自检资料中的其他表格不宜再签认。这样充分体现了监理工作的重点是监督施工单位强化质量安全主体责任和自管能力,而不是承担其施工质量安全责任。

此外,按现行的监理规范要求,监理日志、巡视记录每天都需要汇总、记录,但实际工作中的监理日志、巡视记录填写状况良莠不齐,只是为完成而完成,现场的真实施工状态没有得到实事求是的反映,实际起的作用不大,完全可以用巡视记录取代监理日志的记录功能,取消监理日志,并且巡视记录也不宜再每天每人都要填写,而由每个工作组共同写一本记录一个合同段的工作情况。

这样,使监理工程师从繁重的内业资料压力中解放出来,集中精力管控好施工现场的质量安全等工作是十分重要的,也是可行的,这也是监理制度改革和监理工作创新的重点和难点。

3.4 强化工程监理措施

(1)首件工程的认可和推广

首件工程是指工程项目所辖范围实施的第一个单位工程的第一个不同类型的分部工

程、分项工程或该分部、分项工程的施工工艺，按照项目的施工组织具体情况，确定其为所辖范围内的首件工程。从程序报批、技术培训、技术交底、材料进场、施工方案和施工工艺、材料试验到现场管理、质量控制等方面，整理出一套标准样本，获得更科学、更合理的施工参数和质量保证措施，作为后续同类工程的实施样本。

对首件工程，应先按施工组织设计中的工艺技术要求完成样品工程，随后对样品的各项质量指标进行检测，并对检测结果进行分析、对比，再对施工组织设计进行修改完善，然后进行试生产，待施工工艺和质量满足要求后正式批量生产，使整个工程质量和外观效果处于可控范围内，有效避免批量生产后可能产生的各种质量隐患。

(2)利用信息化手段强化质量安全管理

应充分依托互联网采用多样化的信息化手段进行项目管理，以此减少管理环节和反应时间。

①通过各种远程数据采集系统对施工现场的试验数据、混合料各类原材料的用量等各类数据进行实时采集，并通过计算机进行分析、筛选对不符合要求的进行及时报警，相关管理人员能进行远程访问、查询，实时了解施工现场的情况。如试验检测管理系统、拌和站安装数据采集系统、重要性控制工点安装视频监控系统、指纹考勤系统等。

②预应力采用智能张拉和压浆系统，保证数据采集客观，工程质量受控，同时确保施工安全。

③对路基压实设备安装 GPS 定位系统，通过对其使用情况查询核查路基填筑碾压情况。

④利用互联网平台通过远程监控手段检查施工单位质量、安全管控情况。

3.5 做好与第三方中心试验室的协调和配合工作

通常代建、监理一体化模式下会引进独立第三方检测单位承担中心试验室工作，为项目建设提供专业的技术服务，以弥补代建、监理一体化模式下工程项目监督管理环节减少、管理人员少、工作量大的问题。因此，做好监理工程师与试验检测工程师之间的沟通和配合工作十分重要。实践中应明确双方职责，清晰合理划分工作界面，既相互协调配合，又互有监督和制约，使代建监理单位有效行使对第三方中心试验室的监督和指导职能。从而，更好地利用第三方检测单位的专业技术服务为项目管理提供科学、准确的依据，加强项目管理力度。

3.6 加强监理制度建设，完善监理人员的考核机制

管理是企业发展永恒的主题，而制度建设又是管理的基石。健全完善的管理制度、有效适用的考核机制，是管理目标实现的有力保证。代建、监理一体化模式下的监理工作应着重加强如下几项制度建设：

(1)重大重要方案指导审查制度。应坚持对重大安全实施方案、重要专项施工方案、实施性施工组织设计方案等实行多部门联合审核制度，以确保重大重要方案的科学性、指导性、严谨性和可靠性，使项目实施在有序、可靠和安全的状态下开展。

(2)现场巡视检查制度。过程检查巡视应注重检查效果，确保管控手段及时到位。监理工程师巡视工地时，对存在问题需要整改的，应及时下达工作指令，并监督施工单位整改落实，施工单位整改完成经监理工程师复核通过后，方可继续施工；必要时，应留存书面文件和影像资料。尤其要重点巡视施工现场对首件工程总结成果如工艺、工法的采用，材料及设备匹配等是否执行或执行是否到位，以保证首件总结成果能真正推广并指导施工。

(3)监理旁站制度。在确保重要工艺和关键部位旁站监理到位的前提下，应力求精简旁

站工作内容,注重对工艺性试验和首件工程进行旁站。现场监理人员应在巡视检查的基础上,严格按照试验工程、关键工序或部位的施工工艺过程进行旁站,对主要工程关键项目的检测进行见证,并填写旁站记录。要坚持应该旁站监理的关键部位、关键工序施工必须旁站,凡没有实施旁站监理或者没有旁站记录的,监理工程师不得在相应的文件上签字。

(4)中间验收制度。执行验收制度必须本着认真细致、不走过场的原则,真正起到事后把关的作用。

(5)监理人员考核制度。为规范监理人员行为,提高监理人员素质,激励监理人员敬业爱岗精神,提高工程管理力度和精细化管理水平,对监理人员建立考核制度是十分必要的。考核内容主要包括:职业道德、工作责任、工作能力、工作业绩、资料管理、安全管理等,可结合项目特点制定具体考评项目、考评内容及评分等纳入日常考勤及考核工作中。

监理队伍建设最为重要的是建设一支清正廉洁、勇于奉献、专业过硬的监理队伍。清廉是立身之本,处事之基,也是赢得各方尊重的前提,代建监理一体化模式下更应注重加强监理队伍的廉政建设,并在此基础上切实提高监理人员发现问题的能力,进而培养和提高解决问题的能力,尤其要重视现场处理问题和解决问题能力的整体提高。

4 结语

我们通过代建、监理一体化模式下监理工作的开展和探索实践,其管理优势和管理效能是显现的。当然,作为新的管理模式的探索也必然存在不足,如监理职能作用还没有得到充分发挥,同其他部门(如质量、安全部门)的职责交叉重叠还有待进一步明晰,代建及监理管理取费标准过低等都需要在今后的改革中加以解决和优化。但这一新的管理模式实践,对现行公路工程监理工作是有积极意义、示范性和引领作用的,在这一新的管理模式下开展好监理工作意义十分重大。只要我们使代建管理与监理管理两个管理职能充分融合好,督促施工企业主体责任到位,优化监理工作程序,强化监理措施落实,重视监理队伍建设和考核制度的完善,坚持在监理实践中这样做,就能够在代建、监理一体化模式下开展好工程监理工作,也将引领和促进国内公路建设项目管理和监理管理工作水平的全面提高。

公路工程项目管理中的质量与安全问题浅析

吴勇木

［海南省琼中至乐东高速公路（琼中至五指山段）代建指挥部］

摘　要：工程项目管理涉及质量、安全、进度、投资等各个方面，但是质量与安全管理是工程项目管理的核心，而且安全管理与工程质量又相互影响。一个完善的安全管理能有效强化质量意识，避免安全事故的发生，是质量的保障条件。一个系统全面的质量管理，既能确保施工质量，又能保证施工安全。本文主要论述的是业主方（建设单位、代建单位、工程总承包单位）在工程施工管理中所进行的质量和安全管理的方法、措施，为工程管理人员的管理提供借鉴。

关键词：项目管理；质量；安全

项目管理是指项目管理者运用系统的观念、理论和方法，为使项目获得成功而对工程项目进行有序的、全面而科学的、目标明确的管理。

工程项目管理是指从事工程项目管理单位，按照合同约定，代表建设方、工程总承包方施工总承包方对工程项目进行全过程或若干阶段的管理，管理的对象是工程项目。其目的是在确保工程项目在设计、采购、施工等各个环节的顺利进行，质量、安全、进度、投资等各方面均达到既定的目标。

本文论述的是业主方（建设单位、代建单位、工程总承包单位）在工程施工管理中所进行的质量和安全管理。

1　工程项目质量管理

1.1　质量管理的方法

质量管理的核心方法就是遵循全面质量管理。全面质量管理要求以产品质量为核心，必须有完整的质量管理体系，以全面达到质量标准的全部管理过程。全面质量管理又要求全员参与到质量管理中，而且是全方位的质量管理。项目中各个部门在质量管理中都遵循PDCA（Plan 计划—Do 执行—Check 检查—Action 处理）管理方式，阶梯式上升，循环前进，最终确保整个项目甚至企业都遵循 PDCA 循环。根据质量管控的重点、难点在全员范围内开展“QC 小组活动”，最终确保质量管理目标的实现。

1.2　质量过程管理

（1）质量管理体系的建立

质量管理体系是工程质量的基础，各单位（建设、设计、施工、采购等单位）都必须建立完善的质量管理控制体系。质量管理体系包括人员机构、规章制度、检测手段、质量保证措施及改进措施等。

(2)质量管理措施

完善的质量管理体系能确保工程质量管理系统的有序进行,工程管理措施则是保证工程质量有序、全面进行的关键。

①在建立好自身质量管理体系后,应对其他单位的质量管理体系进行核查并监督。同时加强对施工单位合同履约情况的检查,督促施工单位认真履行合同,确保人员、机械和设备的投入。

②组织召开施工组织设计的评审,把好工程的开工审批关。对影响工程质量的各种因素进行分析,找出重点和难点,制定相应的管理措施,对工程质量实行事前、事中、事后管理的制度。

③对工程的重点部位、关键工序、隐蔽工程应加强管理,若发现质量隐患应及时要求整改,后续应进行跟踪落实。

④在后续的检测中发现不合格或有缺陷的工程时,应要求施工单位上报方案,采取返工或采取其他有效的补救措施,确保达到工程质量要求。

⑤要求各单位认真负责做好"施工日志"、"监理日志"、"巡视记录"、"旁站记录"等,所有记录必须及时、真实、准确、可靠,以备核查。

⑥制定原材料采购管理办法,规范施工单位的采购行为。对重要的大宗材料采购前应报业主方批准,保证工程质量。要求中心试验室加强原材料的抽检试验及标准比对试验,严把原材料的进场审批关。

⑦全面推行公路标准化施工管理,实行"首件认可制"。同时应根据各单位的特长树立"标杆工程",组织其他单位按照"标杆工程"的标准进行施工。每个分项工程都必须进行首件认可,达到标准后方可大面积进行施工。提高工程质量和外观水平。

⑧全员开展"QC"活动,着重在重点部位、关键工序上开展,使工程质量水平有个较大的提升。

⑨制定奖罚机制。对工程中偷工、减料等违反设计和规范要求的行为进行处罚,对做得好的单位及个人进行奖励,促进各单位重视质量管理工作。

2 工程项目安全管理

2.1 安全管理的一般规定

(1)安全生产管理必须坚持"安全第一、预防为主、综合治理"的方针,必须坚持"管生产必须管安全"的原则。依靠科学管理和技术进步,做到科学、规范、有序、受控,同时各单位应建立健全安全管理体系。

(2)项目负责人对安全负责主要责任。在安全管理中应层层落实安全生产责任制,规范安全生产规章制度、操作规程及安全生产费用的使用。

(3)项目应建立安全生产教育和安全培训制度。所有的人员(管理人员、工人)上岗前、转岗后都应经安全教育。应定期或不定期的组织安全培训,加强所有人员的安全意识。

(4)质量和安全管理人员应加大巡视力度,在施工中发现危及生命安全的危险因素和行为时,应及时制止;施工作业人员有权抵制、检举和控告危险的施工行为。

2.2　安全管理的方法

安全生产责任制是工程项目安全管理的管理原则和方法。安全生产责任制是岗位责任制的组成内容，所有的岗位都有相应的安全管理职责。

2.3　安全过程管理

(1)安全管理体系的建立

安全管理体系的建立是项目安全管理的前提。能否层层落实安全生产责任制的关键。所以各参建单位施工前应必须建立以项目负责人为第一责任人的安全生产保证体系，制定相应的制度、保障措施等，层层落实安全生产责任制，确保工程安全。

(2)安全管理措施及各种管理制度

①安全生产教育制度。要求施工单位全面落实三级教育(项目部、工区、班组)，所有人员进行上岗及转岗前都应安全生产教育和培训，根据项目的进展定期、不定期的组织安全培训，加强所有人员的安全意识。

②"持证上岗"制度。从事安全生产管理和特种作业人员必须持证上岗，进入项目后可以组织进行考试、现场操作等考核。

③建立预案制度。项目开始后，应根据项目的特点建立应急救援体系和救援预案，以减少项目建设中各种突发事件造成的危害，确保各参级管理人员、工人及当地人民群众的生命财产安全和人身安全。

④安全风险评估及专项方案审批及评审制度。每个项目均应进行项目的总体风险评估，专项风险等级在Ⅲ级(高度风险)应进行专项评估，并根据相关评估结果完善施工组织设计和编制专项施工方案，对危险性较大的工程应组织专家对专项方案进行评审。

⑤设备的监督管理制度。在项目使用的特种设备，应委托具有资质的检验检测机构进行验收，验收合格后报管理部门备案，方可使用。

⑥危险物品建档、报备与监管制度。建立健全施工中涉及的易燃易爆物品、危险化学品、放射性物品等管理制度，并按要求进行建档、报备和监控，以杜绝危险物品发生泄漏、爆炸、被盗等意外。

⑦安全生产费用管理制度。建立健全工程项目安全生产费管理制度，安全生产费用实行专款专用，对建立安全生产费使用台账，逐笔进行登记。

⑧安全检查、巡视制度。定期、不定期地开展安全生产检查工作，每天进行巡视检查，使安全生产处于受控之中。检查中如发现安全隐患应及时组织整改，并跟踪落实，不留隐患。

⑨班前讲课制度。为了提高施工作业人员的安全意识和对风险源的认知，每天上班作业前，由管理人员在每个作业工点进行5～10分钟的班前讲话，主要讲今天施工的部位存在的安全风险和如何规避风险。

⑩奖惩制度及安全事故报告、处理。根据本项目的特点制定奖罚制度，对各级安全生产管理人员和施工人员的安全工作业规范的进行奖励，对违反安全生产规定的进行相应的处罚，甚至开除出本项目。

事故发生后，应逐级进行上报。事故报告应当及时、准确、完整，不得迟报、漏报、谎报或者瞒报。事故调查处理应当坚持实事求是、尊重科学和"四不放过"的原则。

3　结语

工程项目管理涉及质量、安全、进度、投资等各个方面，但是质量与安全管理是工程项目管理的核心。一个完善的安全管理能有效强化质量意识，避免安全事故的发生，是质量的保障条件。一个系统全面的质量管理，既能确保施工质量，又能保证安全，所以说安全管理与质量管理是相辅相成的，是相互影响的。在工程项目管理中应积极地落实“安全第一、质量第一”的观点，才能按既定的目标顺利完成工程管理中的各项任务目标。

浅谈公路工程安全管理

白希平　章金波
（中国公路工程咨询集团有限公司 中咨华科交通建设技术有限公司 北京市　100195）

摘　要：当前，公路工程仍在加速建设。在建项目数量多、分布广、施工环境恶劣，对公路工程的安全管理工作增加困难。本文就目前公路工程施工安全管理现状进行分析，并提出了具体可行的管理对策。

关键词：公路工程；安全；对策

1　公路工程安全管理分析

1.1　安全管理不到位

为了获得更大的利益，有的企业经常将工程多层转包，甚至转包给企业资质不符合要求、安全管理制度不够完善的单位；或为了抢工期赶进度，不能有效的落实安全防范措施，导致安全管理不到位。

1.2　安全规范和技术要求得不到落实

公路工程施工所编制的施工组织设计和专项施工方案中的安全技术保障措施，缺乏相应行业安全技术标准做基础，造成施工单位所编制方案中的安全保障措施，针对性不强，不能正确指导施工作业，且安全检查内容和标准没有统一，各地交通主管部门检查的内容和标准不一致，增加了安全管理的难度。

1.3　安全责任制落实不到位

有的企业在准备不充分的情况下，甚至没有按要求制定相关的施工方案，贸然施工，且很多作业人员作业时，明知道那样做会有危险，但总是存在侥幸心理，不能对自身行为进行有效的约束，总想着能简单就简单，能省事就省事，最后问题成堆，引发生产安全事故。

1.4　作业人员安全意识淡薄

公路工程建设施工作业人员大多是农民工，人员流动性大，施工经验不足，安全生产知识掌握不全，作业环境了解不透彻，自控能力和自我保护意识差，危险源的分析和辨识能力不足。

2　公路工程安全管理对策

2.1　建立规范化的安全管理体系。

工程参建单位应按照“安全第一、预防为主、综合治理”的安全生产方针，设立安全生产组织管理机构,成立安全生产领导小组。

(1)建立健全安全管理制度。安全管理制度是安全工作的行为准则,工程参建单位应建立健全安全管理制度,明确项目安全生产各阶段管理的内容、程序与职责分工。

(2)严格按照要求履行安全生产责任制,根据“一岗双责”的原则,切实落实安全生产责任体系,并逐级签订安全生产责任书。

(3)加强安全教育,增强安全意识。通过安全讲座、三级教育、岗前和班前安全教育培训、安全会议等形式加强全员安全教育,提高职工对安全生产方针和政策的认识,增强搞好安全生产工作的责任感、使命感和法律意识,提高安全相关法律、法规及规章制度贯彻执行的自觉性;使从业人员的安全生产知识得以更全面的掌握,安全操作技能和应急自救能力得到进一步的提高,切实实现生产安全目标。

(4)加强安全检查,提高隐患整治力度。工程参建单位应定期与不定期相结合的检查形式,开展安全事故隐患排查治理活动,落实全生产责任制,全面排查整治安全事故隐患和事故易发环节,切实将安全生产事故消除在萌芽中。

2.2　打造精明能干的劳务分包队伍

(1)掌握劳务分包的资质和实力。一是在工程投标时,重点审核资质要求,杜绝其不符合要求的企业进入;二是对符合要求的劳务分包在建工程现场实地考察,严禁安全意识淡薄、安全管理水平达不到要求的劳务分包的企业进入;三是审查劳务分包队伍项目班子组建是否符合安全要求,是否一把手负总责。

(2)加强劳务分包队伍日常安全管理。一是督促劳务分包队伍建立健全安全管理体系,配足专兼职安全员。二是对各项安全管理制度进一步完善,以制度约束其安全行为,做到有法可依,有章可循。三加强施工过程管理。配备专职安全管理人员,对劳务分包人员进场情况、安全防护措施等内容进行跟踪检查,发现事故隐患立即制止。四是对劳务分包人员进行实名制管理,进场一人登记一人,教育一人,特殊工种应持有效证件上岗。五是在日常工作中,定期开展安全检查工作,严格督促劳务分包及时发放工人工资,杜绝拖欠农民工工资事件发生。

(3)建立民工培训基地和农民工夜校,强化劳务分包作业队伍的教育培训工作,切实增强职工安全生产意识、安全生产知识和安全生产技能,使之能满足安全生产的要求。且作业人员进入施工现场作业前,应进行专门岗位技术培训,切实提高其文化素质和劳动技能。

2.3　保障安全专项资金的投入

资金投入保障,是改善从业人工作条件和工作环境的必要条件,是保障职工人身财产安全、实现安全生产标准化管理的有效途径。因此,工程参建单位应对安全专项资金进行统一管理,切实做到转款专用,确保安全生产条件所必需的资金和用于配备劳动保护用品、进行安全生产培训等安全相关的经费得以有效的投入,改善劳务分包队伍工作条件和工作环境;制定安全奖惩办法,健全安全管理责任体系和管理制度,严格按照要求落实安全生产费用的投入和管理,切实保障项目全体职工作业环境的安全,尤其是一线职工作业环境的安全。

2.4　强化一线班组骨干培养

班组骨干是生产工作的领头雁,是职工一切工作的落脚点,在公路工程最基层组织管理中占有主导地位。同时,班组骨干素质和能力的高低,直接影响整个班组的形象,并对工程的质量和安全起有重要作用。所以,加强班组骨干力量的建设,提高班组骨干人员的素质和能力,才能让每一个班组都充满生机和活力,切实加强工程质量和安全建设,从本质上保障生产安全。

2.4.1 骨干人员在生产班组中的作用

施工单位应以“任务、竞赛、党建、先进”为评选依据，严格按照“四进班组”原则，深入开展创先争优活动，并与生产经营实际相结合，全面完成绩效考核目标和各项中心任务，明确创先争优活动中班组的主导地位，着力发挥“骨干在班组中的示范作用”和“骨干班组的引领作用”，发挥“小”班组的大作用。

2.4.2 培养生产班组骨干人员的方法

(1)改变班组员工的自身态度。大多数职工之所以成不了骨干力量，是因为职工安于现状和自我满足的态度，对自身的要求不高。只有扭转职工安于现状和自我满足的这种态度，才有可能成为骨干力量。扭转这种态度，首先应强化职工的责任心，针对其岗位职责，逐条进行比对，做到了哪些，没做到哪些，为什么没有做到。如果是技术不行，那应加强学习和培训，解决技术问题；如果是态度有问题，那应加强思想交流和树立榜样来感化，如果感化不了，应对其进行处罚，必要时应辞退。其次应检查其是否具备现任岗位的条件，如果不具备，则应考虑调离至适合的岗位，或者通过学习、培训、考试、取证提升能力，并制定措施一步步改进，确保能胜任本岗位。自信是“骨干”的基本要求和重要力量。

(2)骨干培养对象应得到部门领导的认可。职工自身树立起了信心，这是成功的第一步，但部门领导对他的信任度和期望值也是关键。部门领导应改变思路，信任骨干培养对象能够做事并且能把事情做好；其次要让骨干培养对象能够领会到领导的信任和期望，通过传、帮、带的方式，让其学到真正的技术，并激励班组成员之间相互学习、协同合作、共同努力，逐渐建立自信心，重拾责任心。

(3)建立健全班组各项管理制度。规章制度，搞好民主管理，发挥职工主人翁作用，使班组工作标准化、规范化、制度化，明确班组内的工作职责，任务、作业程序等。同时要做到勤考核、勤总结、多提拔。

2.4.3 加强班组骨干的培养和储蓄

班组骨干是公路工程从事生产经营活动的直接组织者，是生产经营现场的直接管理者，是企业三个文明建设的前线指挥员。

(1)班组骨干培养。为了提高班组骨干素质，充分发挥他们的作用，首先应归口管理集中参加劳动部门轮训班组长的培训活动，取得班组长资格的上岗证后回到班组任职，让班组长在实践中锻炼提高，增长才干。在复杂的实际工作中，帮助他们总结经验教训，提高自己的领导水平和工作能力，这样才能扬长避短、扩大视野，充分发挥班组骨干在班组建设中的作用。

(2)班组骨干储蓄。当前，公路工程班组管理人员都是刚毕业的大学生，对现场作业和班组管理缺乏经验。而班组骨干是公路工程项目职工一切工作的落脚点，能够独当一面、具备独立解决各种复杂技术问题和良好职业道德以及协同精神，在最基层组织管理中占有主导地位。因此，努力落实好生产班组骨干力量的储蓄，加强班组骨干力量培养和管理人员的补充是夯实企业基础管理的重要手段和主要途径。

3 结语

公路工程安全生产管理一项长期、细致的工作，是关系到企业兴旺、员工幸福的系统工程，应始终坚持“五不施工”原则：即安全条件不具备不施工；安全、技术，质量保证措施不到位不施工；防护措施配置不齐全不施工；未经安全教育和技术交底不施工；上道工序不合格下道工序不施工，并以“红线意识”作为安全管理的底线，切实保障职工人身财产安全。

怎样提高钢筋保护层的合格率

李庆斌
[海南省琼中至乐东高速公路(琼中至五指山段)代建指挥部]

摘　要:钢筋混凝土工程中,钢筋保护层主要是为了保护构件内部钢筋不被锈蚀,同时还起到黏结锚固(钢筋要通过保护层把力均匀传递到混凝土中,保护层不够的话,会过早出现裂缝,钢筋不能充分受力,同时水和二氧化碳又能大量入侵锈蚀钢筋),所以钢筋保护层的合格率对钢筋混凝土构件使用的耐久性起着至关重要的作用。

关键词:保护层;质量;钢筋

在桥梁工程建设中,桥梁主体主要有桩基、墩柱、盖梁、梁板等主要构件组成,这些构件的耐久性直接影响到桥梁的安全程度和使用年限,那么如何来控制这些构件的保护层合格率呢?我根据这些年的现场经验给大家总结以下几点:

1　工作程序严谨

首先每个工种都要有一个优秀的团队(有严格的规章制度,丰富的施工经验,良好的操作技能,端正的工作态度)。严格执行三检制度,保证自检体系正常有效的运转。按照报验程序,真正能做到上道工序不合格不允许进行下道工序施工。操作工人要实行专业化管理,特殊工种要有操作证并进行考核上岗,让每位工人都要有施工必须符合规范的创优理念。另外,最大可能提高机械化作业程度,减少人为的操作误差。在推广品质工程的同时,学习同行业毫米级的施工经验,精益求精,以严谨的工作作风来完成每道工序。

2　控制方法

2.1　桩基施工

(1)首先桩基的测量放样要精确,保证桩位的精确度是保护层控制的关键,桩位不准、钻孔偏位,人为移动桩基钢筋笼来纠正或减小偏差是目前施工企业一贯做法,这样就会引起桩基钢筋笼在孔内一边偏移的几率,出现保护层厚度四周不均匀现象。

(2)钢筋笼的加工及安装

桩基钢筋笼几何尺寸的准确性直接影响保护层的合格率,钢筋笼直径小则保护层偏大,反之保护层就会偏小。现在设计时要求安装耳筋做为保护层的垫块,我认为这种做法是不完全正确的。如果在地质条件好的岩性地质上施工,此法基本可行;如果在土质地质条件下施工,在下钢筋笼和浇筑混凝土过程中,耳筋则可能会陷入护壁的泥浆中,不能保证钢筋笼的位置。所以,我建议采用轮式混凝土垫块。这类垫块与孔壁有较大的接触面不易陷入护壁的泥浆中,另外在下钢筋笼时随着轮式垫块灵活的转动,能够对钢筋笼的安装起到一个很好的导向作用,帮助钢筋笼准确就位。钢筋笼就位后,利用护桩重新校核钢筋笼的中心点位置是否准确后,在桩孔四周埋四根稳固的钢筋桩,然后用钢筋与钢筋笼的吊筋"井"字形连接焊牢,确保浇筑过程中钢筋笼不移位。

2.2 墩柱施工

墩柱的钢筋保护层合格率低一直都是施工中控制的难点,主要有以下几种原因:

(1)直接来源于桩位的准确性,如果桩位出现偏差,那么在桩接柱时一定要在过渡段或桩系梁内纠正墩柱钢筋笼的位置,保证墩柱的坐标精度。

(2)墩柱钢筋笼的几何尺寸和变形程度也影响保护层的合格率(原理同桩基一样)。所以墩柱钢筋笼加工最好采用滚焊机加工成型,减小操作误差。墩柱钢筋笼就位时,找出钢筋笼的中心点,使其与桩位的坐标点相重合后,校正钢筋,保证每一根钢筋与桩基钢筋准确连接。

(3)在墩柱钢筋笼四周对称安装保护层垫块,每1米装4个,垫块为轮式高强砂浆垫块(因为这样的垫块不易被损坏和发生位移,垫块安装在螺旋箍筋或用与箍筋同型号的钢筋单独在主筋上焊牢),垫块的半径尺寸一定要符合设计要求。这样就可以将钢筋笼牢固的固定在墩柱模板内。

(4)严格验收墩柱的模板,模板必须采用定型钢模,并且要有足够的刚度,几何尺寸必须符合设计要求。模板安装一定要在系梁或桩顶弹出坐标十字线,模板的十字线要与基础的坐标相重合,保证柱模的位置。将模板根部固定好后,再校核好模板的竖直度符合规范要求即可。

(5)墩柱的混凝土浇筑,要保证模板与钢筋笼之间的垫块不损坏,不脱落,如有发现,及时纠正。

2.3 盖梁施工

(1)盖梁钢筋保护层是比较容易控制但又最容易不被控制的构件,因为盖梁处于高空作业范围,如安全防护不到位,根本无法到上面去检查。所以要想保证盖梁的施工质量,第一要有规范的安全防护措施,第二要有强烈的责任感,第三要有优秀的施工队伍。认真做好每道工序,是保证盖梁施工质量的保障。

(2)盖梁底模的高程和中心线控制:底模的高程和轴线控制的精准度是盖梁底部及四周钢筋保护层的先提条件,否则,垫块将会在模板内失去作用,无法保证盖梁钢筋的位置。

(3)盖梁钢筋骨架的加工及几何尺寸控制也是控制保护层的主要因素。骨架小则保护层大,反之则小。如盖梁钢筋与墩柱钢筋发生冲突,宜适当调整墩柱在盖梁内的钢筋位置。

(4)保护层垫块的尺寸要符合设计要求,垫块安装一定要牢固。

(5)盖梁模板几何尺寸要符合设计要求,安装位置要准确,并且保证盖梁的竖直度。

(6)混凝土浇筑过程中要经常检查垫块的位置是否偏移,如有,应及时纠正。

2.4 箱梁施工

箱梁是桥梁工程中主要受力构件,其保护层的合格率直接影响桥梁的质量和使用寿命。

(1)制梁台座的平整度对箱梁底部的保护层有很大的影响,所以在施工制梁台座时,一定要控制好台座的平整度和顺直度以及几何尺寸。

(2)箱梁钢筋的加工与安装:箱梁钢筋加工最好采用智能钢筋弯曲机加工,保证每种型号的钢筋规范统一,尺寸标准。钢筋安装时一定要使用钢筋模架施工,保证钢筋的间距。同时在安装腹板钢筋及纵向钢筋时,同步安装高强砂浆垫块,底板钢筋上下的保护层宜采用梅花型垫块。腹板垫块宜采用轮式垫块,垫块的尺寸要符合设计要求。关键点就是内外的垫块一定要绑扎在同一个断面并在同一根腹板钢筋上,内外对称安装。同时一定要垫块安装完毕后,将安装垫块的这根腹板钢筋开口处用电焊焊牢,保证其钢筋骨架的尺寸符合设计要求。垫块的间距按每平方米不少于4个布置。

(3)对进场的模板要进行试拼,并对其几何尺寸进行验收。模板的几何尺寸一定要符合设计要求,特别是内模尺寸,会直接影响到箱梁腹板的钢筋保护层合格率。如内模尺寸大,内模则无法落到底,就不能保证顶板和底板的保护层厚度。如内模尺寸小,则无法密贴内侧垫块,无法固定钢筋骨架的位置。所以对内模的验收一定要严格。在使用一段时间后,要经常检查内模的变形情况,有变形的时候要及时修复,无法修复时要及时更换。

(4)箱梁混凝土浇筑对保护层也有较大的影响:

①混凝土浇筑时,首先要检查各部位的几何尺寸是否符合设计要求。为防止内模上浮,在混凝土浇筑前要用压杠(每3米一道)将内模压实,同时还要将内模顶部与顶板钢筋之间的保护层垫块垫好(内模上浮就无法保证保护层的合格率,因为内模为倒梯形,如内模上浮腹板的厚度就会增加,另外顶底板的保护层也无法保证,还会影响桥面高程和铺装层厚度)。混凝土下料时,要两侧对称均匀布料,同时振捣,以免引起内模偏移。

②混凝土浇筑完毕,要检查顶板混凝土的厚度和收面的平整度,以保证顶板上保护层的厚度。

海南省某高速公路的绿色实践

郑传昌　高芳植
[海南省琼中至乐东高速公路(琼中至五指山段)代建指挥部]

摘　要:本文阐明了海南某高速公路建设绿色公路的总体思路和主要目标,提出了海南某高速公路绿色实践情况、重点支撑项目以及保障措施。通过应用新技术、新材料、新工艺、新方法、新能源等,创新体制机制和管理模式,实现琼中至五指山段高速公路绿色建造、绿色使用的目的。海南某高速公路建设将为海南乃至全国公路在绿色循环低碳方面的规划、设计、施工、运营和养护全过程提供思路借鉴、积累成功经验,将为海南公路建设探索出一条资源节约、环境友好的发展道路。

关键词:海南;高速公路;绿色;实践

1　工程简介

海南省某高速公路采用双向四车道高速公路标准,路基宽度26米,设计速度100公里/小时。全线共设置特大桥2座、大桥71座、中桥7座、涵洞109道,分离式立交桥1座、天桥3座,中隧道1座、短隧道3座。

本项目采用"代建、监理一体化"的模式进行管理,通过整合项目管理机构、优化职能分工、严格目标考核机制等措施来提高项目管理水平。

2　本高速公路项目的绿色实践思想

本高速创建绿色公路按照"三低三高"(低能耗、低排放、低污染和高效能、高效率、高效益)的核心价值理念,将生态文明、绿色低碳理念融入项目建设发展的各方面和全过程,围绕"富裕海南、和谐海南、美丽海南"的核心任务,紧密结合区域特点和工程实际,以提高能效、控制排放、节约资源、保护环境为目标,以提高高速公路可持续发展能力为根本,在公路规划、设计、建设、养护和运营管理整个生命周期内,通过提升设计理念、改进施工组织和优化运营管理,广泛应用新技术、新能源、新材料、新工艺和新方法,强化绿色低碳管理创新,提高能源、土地、材料等资源利用效率,努力降低二氧化碳和污染物排放量,发挥绿色交通引领作用,促进"四个交通"建设,推动经济发展、带动社会进步、构建生态文明共赢。

3 建设初期的绿色实践

3.1 采取节能降碳措施

(1)采用节能环保设计

以当地地形、沿线设施、河流作为主要控制点,平面选线尽量沿山脚布线,主线路线基本沿河岸布设;跨河桥下设置沉淀池,避免桥下淤积堵塞河流;服务区设置污水处理装置,避免污水直接排放对环境造成污染。

(2)尽量避免使用发电机供电

本项目结构物较多,施工过程中需要大规模电力,代建指挥部要求在施工中尽量全部架设临时电力线路使用电网供电,避免使用发电机供电。

本项目共安装了74台大功率变压器进行施工临时供电,工程施工过程中基本全部采用电网供电,起到了节能降碳的作用。

(3)加强信息化建设

本项目不断加强信息化建设,先后建立了"试验室数据监控平台"、"计量管理系统"、"项目OA办公系统"、"现场重要工点视频监控",并使用"微信公众平台"、"QQ群"、"微信群"进行日常通讯及办公。通过信息化建设,提高了工作的科学性及工作效率,同时逐步实现无纸化办公,并极大减少了交通工具往返于参建单位之间的次数,起到了节能降碳的作用。

3.2 充分利用并节约水土资源

(1)隧道弃渣现场综合利用,节约用地保护环境

本项目具有桥隧比高的特点,因此,将剩余隧道弃渣进行综合利用。通过实验分析判定隧道弃渣的用途,将可用碎渣尽可能用于路基填方或加工为砂、石等建材,用于本项目其他构造物,尽量减少弃方量,减少土地占用。

(2)对表土资源进行收集回用

对施工中清表阶段的表土资源进行收集回用,减少资源的浪费。合理设置及设计表土存放场,尽量减少土壤养分流失,并及早用于临时用地恢复和边坡生态恢复中。

(3)循环利用养生水

施工中大量的混凝土养生用水实现循环利用,用来冲洗场地及施工便道、路基洒水等,节约用水量。

3.3 生态环境保护

(1)设置环境监理、水土保持监测及监理

本项目通过招标设有专业的环境监理、水土保持监测及监理,有效实现施工过程中的生态环境保护。

(2)古树移植保护,保留珍惜生态资源

代建指挥部根据项目沿线环境特点,积极落实环保及生态发展理念,对项目沿线珍稀古树进行移植保护,如图1所示。

(3)桥下植被合理保留,减少生态破坏

施工中对有条件的桥下植被予以保留,最大限度保持环境原生态,如图2所示。

(4)表土留存和有效利用,保留珍惜生态资源

贯彻环保理念,保护表土资源。本项目在清表过程中注意保存可利用表土,用于工程后期复垦、绿化等。

图 1

图 2

(5)施工绿化与现场植被融为一体

采用当地经常使用的植灌,与现场的植灌相融。

(6)污水集中处理

生产和生活废水污水沉淀后排除,避免对外界环境造成污染。

本项目在多种施工点及所有集中生活区均设置了废水污水沉淀池,将施工场站的废水、钻孔桩基施工的泥浆、生活污水等先进行沉淀,然后集中运至或排至指定地点。

(7)与当地共建文明卫生环境

本项目向当地乡镇赠送垃圾桶,与当地共建文明卫生环境。各施工单位向当地学校赠送净水器,提高其饮水安全。

3.4 资源节约和循环利用

(1)采用施工场站集中作业,减少污染物遗弃和排放

本项目要求全线采用混凝土、沥青混合料等集中拌和,钢筋集中加工,梁板和小型预制构件集中预制,从而减少因分散施工、各自作业造成的大量污染物遗弃和排放。

(2)施工场站尽可能在用地红线范围内建设,以节约用地

本项目在混凝土拌和站、钢筋加工场、预制梁场、小型构件预制场建设中,尽可能选择在用地红线范围内建设,以节约用地。

(3)混凝土拌和设备采用节能减排系统

本项目混凝土拌和设备中采用了 LSF 系列混凝土砂石分离机及泥浆回收系统,使混凝土余料得到循环利用。同时该混凝土拌和设备配备了先进的粉尘回收利用系统,作业中可将常规设备遗漏的水泥粉尘回收重新利用。以上系统的配备均起到节约能源作用。

(4)混凝土配合比中使用工业废料,实现废料重新利用

本项目要求在混凝土配合比中加入电力工业废料粉煤灰,既提高了混凝土后期密实度,又实现了电力工业废料的重新利用,减少环境污染。

(5)废旧轮胎固土生态护坡

本项目结合海南省生态、气候等条件,积极试点应用废旧轮胎固土生态护坡技术,在项目沿线选定三段路基挖方段作为试验段,进行废旧轮胎固土生态防护试点。目前已完成一段施工,如图 3 所示,另外两段正在施工。

图 3

通过采用废旧轮胎固土生态防护技术,可以充分有效利用废旧资源,变废为用,节能环保,理论上适用于播种、插茎和移栽等多种建植方式,见绿效果快。本项目将根据试点效果合理推广。

4 节能减排宣传

本项目积极贯彻落实海南省交通运输厅、海南省交通工程建设局"绿色出行、你我共建"精神,通过悬挂横幅、张贴展板等方式进行宣传。从代建指挥部到各施工单位到处营造绿色环保氛围。

5 建设后期的绿色实践初步方案

5.1 路面绿化工程初步设计方案

(1)水沟与隔离栅之间空地覆盖 30cm 厚清表土后撒播草籽。隔离栅立柱左右两侧分别栽植一株五爪金龙和一株西番莲,将攀缘植物的枝条沿立柱绕上。

(2)全线抗滑桩桩前及桩顶、隔板内种植爬山虎,美化桩墙。

(3)路堤坡面从坡顶到下边坡邻近 1 米处撒播草籽。路堤其余坡面、平台、护坡道采用草灌混播进行绿化,覆土厚度 30cm,植草灌采用喷播。护坡道或第一级平台上种植乔木,努力营造自然的景观效果。

(4)全线护脚挡墙下绿化,护脚挡墙下栽植爬山虎,间距 0.5 米。

(5)互通区景观设计对功能区、风貌区进行区别设计。功能区景观设计以安全为首要原则;风貌区为观赏植物的重要展示区域,注重植物的层次、组团方式、竖向效果、色彩搭配、叶形对比等关系,均衡各项特征,以大线条、大色彩为主,契合互通区观赏特性,注重疏密相间、畅通舒美。

(6)房建区绿化景观设计符合建筑总体布置要求,按分区功能进行景观配置。植物配置采用乔灌结合、常绿落叶兼顾方式,以景观树为主,打造休闲庭院式景观。

(7)场区周边种植乔木形成围合空间,靠高速公路主线边界提高绿化植物种植密度,以达到较好的减噪、防尘效果,营造良好的场区环境。进场区绿化以带状绿地形式或高大乔木为主,以起到提示作用。这是前期设计要求。

(8)停车区域绿化范围内种植冠大荫浓的高大乔木,在夏季有较好的遮阴降温的作用。

(9)服务区综合楼前根据建筑分区功能,结合琼中的地域文化特征设置置石小品。根据建筑总体布置情况,在适当位置设计微地形,丰富竖向空间。

5.2 交安机电工程绿色初步设计方案

(1)原设计护栏采用热浸镀锌防腐处理方式,对环境污染较大,改为环氧锌基聚酯复合涂层防腐方案。

(2)防眩板上增设立面标记(反光膜),提高夜间视线诱导效果。

(3)琼中至五指山高速公路所处地区雨水充沛,标线采用反光性能更优的雨夜反光标线。

(4)隧道主洞、人行横道、引道照明灯具设计均采用LED灯,起到节能降碳作用。

(5)跨主线桥梁、天桥采用雨水收集系统,避免雨水直接对路面、附属结构物冲刷。

(6)全线排查河流冲刷结构物情况,引导河流尽量避开结构物,对受河流冲刷的桩基或其他结构物采取保护措施。

5.3 建设后期绿色方案实施要求

(1)沥青拌和站广泛采用矿粉回收系统。

全线3个沥青拌和站,每个沥青拌和站必须设置矿粉回收系统,减少废旧矿粉污染环境。

(2)沥青加热采用油或天然气。

项目要求全线沥青加热采用油或天然气,充分利用南海丰富的油气储备,减少烧煤造成的大气污染,加强油烟排放监管。

(3)优化全线排水系统,避免水流直接冲刷水田农作物,避免积水淹没林地和水田。同时增加桥下排水系统,减少水流直接冲刷结构物,规范排水位置。

(4)对全线的取弃土场统一排查,做好绿化和复耕工作。同时恢复植被和原先的排水系统。

(5)占用土地资源的场站、便道建设一定要恢复植被,做好复垦还田工作。

高速公路长纵大下坡路段交通标志与标线组合设置

郭耀文

[海南省琼中至乐东高速公路(琼中至五指山段)C1 合同段]

摘　要:高速公路长纵大下坡路段易发生交通事故,而在长纵大下坡路段的起始段前、下坡段和特殊段,采用交通标志与振动标线、彩色防滑标线相结合的组合设置,可以增强车辆行驶的安全性能,提高高速公路的交通安全水平。

关键词:长纵大下坡;标志;标线;组合设置

1　引言

在高速公路设计中,为克服高差难以避免地设置长纵大下坡,而长纵大下坡路段由于缺乏减速警示提醒和防滑减速的交通安全设施容易发生交通事故。从造成交通事故原因的道路因素方面考虑,完善和合理设置道路交通安全设施,从而改善道路状况,提高长纵大下坡路段的交通安全性能,是治理长纵大下坡路段的交通安全问题有效方法之一。在高速公路长纵大下坡路段的起始端前、下坡路段,采用交通标志与振动标线彩色防滑标线相结合的组合设置,依据道路交通安全理念,根据车辆在高速公路长纵大下坡路段的行驶情况,从工程心理学角度和公路圆曲线路段最小半径确定的制约因素等方面,对交通标志与振动标线、彩色防滑标线相结合的组合设置进行了可行性和长纵大下坡路段设置的分析。

2　交通标志与振动标线、彩色防滑标线相结合的组合设置应用可行性

根据公路圆曲线最小半径确定推导公式

$$R \geqslant \frac{V^2}{127(\mu \pm i)}$$

式中:R——曲线半径(m);

V——车辆速度(km/h);

μ——横向力系数,极限值为路面与轮胎之间的横向摩阻系数;

i——路面的横向坡度。

车辆在行驶的弯道上,其中曲线半径 R,路面的横向坡度 i 是固定值,因此,确保车辆行

驶安全的关键参数就是行驶速度 V 和横向力系数 μ(极限值为路面与轮胎之间的横向摩阻系数)。

车辆在长纵大下坡小半径曲线路段,运行速度往往高于设计速度,会使制动过热、制动效能减弱或制动失效,容易发生交通事故。故在长纵大下坡小半径曲线路段,采取强制车辆降低速度和增大该弯道横向力系数,才能提高车辆行驶的安全性。

强制车辆降低速度的被动措施显然是很难实施,但是可以通过车辆本身提供的信息,使驾驶者得知道路情况而主动减速的措施可以实现。

交通标志预告能使驾驶者提前得知前方道路情况,提前采取应对措施;振动标线能使行驶车辆产生较大的振动,引起驾驶者的警觉(主要是振动标线的凸起块对车轮的固有振动频率能够产生良好的振动警示效果),促使驾驶者主动采取制动,减速慢行,从而达到强制减速的目的;并且它对光的反射性能高,具有雨天可见,晚上醒目的特点,使得标线即使在雨天的夜晚也具有较好的视认性,提高了雨夜的交通安全性能。

因此在长纵大下坡路段采用设置交通标志、振动标线能够提高车辆行驶的安全性。

车辆在曲线上稳定行驶的必要条件是横向力系数不能超过路面与轮胎之间的横向摩阻系数。设计用的横向力系数占极限横向摩阻系数的比例越小,安全度就越高,就可以避免横向滑移的危险。所以增大横向力系数同时就必须增大极限横向摩阻系数,增大路面与轮胎之间的横向摩阻系数。从车辆的轮胎考虑不易实施,但是可以通过改变路面状况、增大路面摩擦力的措施,来达到增大横向摩阻系数的目的。

彩色防滑标线表面较大的构造深度大幅增加了表面的摩擦系数。由于构造深度帮助把水从轮胎和标线表面的接触点分离,增加轮胎与标线表面接触点之间的摩擦阻力,从而提高了防滑性能。还有它所具有的抗压、耐磨、附着力、耐候性等特点,增加了雨天抗滑性能,为行车安全提供了新的保障设施,防滑减速,强化行车安全保障技术指标;美化路面,视觉提示清晰醒目,消除驾驶疲劳,营造体验型驾乘环境,体现道路的人文精神。

彩色防滑标线优良的防滑性能可缩短40%以上的停车制动距离,此外车辆在转弯处停车制动可避免产生抱死现象。确保车辆安全行使,是预防和控制道路交通事故的有效手段;提示驾驶人员前方的危险路段,并通过提供高摩擦力的面层,增大了横向摩阻系数,达到了摩阻减速的目的。

因此,在长纵大下坡路段设置彩色防滑标线,既不破坏路面完全性又增加了路面的抗滑能力,能够提高车辆行驶的安全性。

3 交通标志与振动标线、彩色防滑标线相结合的组合设置

3.1 长纵大下坡起始段前设置

交通标志预告是在长纵大下坡路段起始段前两公里内设置长纵大下坡路段信息预告标志牌,在2km处与1km处设置预告标志,起始段位置设置"连续长纵大下坡、减速制动提醒点"警告标志,附着强制限速辅助标志。

振动标线与彩色防滑标线组合在长纵大下坡路段起始段前设置,距离为150m。起始以"连续长纵大下坡、减速制动提醒点"警告标志提醒点为准,此位置为准0m处;结束以长纵大下坡起点为准,此位置为准150m处。

此布置段从0m至80m处设置振动标线,从80m至150m处设置彩色防滑标线。其中布置段90m处为假定车辆制动点,车辆采用一脚制动,开始制动(即车辆在长纵大下坡起点前

60m 处开始制动)。

长纵大下坡路段起始段前设置一组,设置为:

第一道:画 45cm(线宽)空 40cm(间隔),画 4 条振动标线;

第二道:画 45cm(线宽)空 40cm(间隔),画 4 条振动标线;

第三道:画 45cm(线宽)空 40cm(间隔),画 4 条振动标线;

第四道:画 3m(线宽)空 2m(间隔),画 5 条彩色防滑标线;

第五道:画 3m(线宽)空 1m(间隔),画 5 条彩色防滑标线。

第一道与第二道间隔为 33m,第二道与第三道间隔为 30m,第三道与第四道间隔为 17m,第四道与第五道间隔为 38m,第五道与长纵大下坡起点间隔为 32m。

3.2 长纵大下坡路段设置

车辆制动片温度是随着下坡长度的增加而增加。根据车辆在长纵大下坡路段行驶时制动片温度分布情况,将长纵大下坡路段划分为车辆的制动片温度稳定段、制动片温度警戒段和制动片温度危险段。稳定段为自下坡起点到长纵大下坡总长 30% 距离处;警戒段为自长纵大下坡总长 30% 距离处开始,到长纵大下坡总长 85% 距离处;危险段为自长纵大下坡总长 85% 距离处到下坡坡底。

假定长纵大下坡为 13km,位置桩号为 K10 + 500 ~ K23 + 500 段。那么车辆的制动片温度稳定段为 K10 + 500 ~ K14 + 500 段;车辆的制动片温度警戒段为 K14 + 500 ~ K21 + 500 段;车辆的制动片温度危险段为 K21 + 500 ~ K23 + 500 段。

3.2.1 车辆的制动片温度稳定段设置

在自下坡开始到长纵大下坡总长 15% 距离处设置一组,设置为:

第一道:画 45cm(线宽)空 40cm(间隔),画 4 条振动标线;

第二道:画 45cm(线宽)空 40cm(间隔),画 4 条振动标线;

第三道:画 45cm(线宽)空 40cm(间隔),画 4 条振动标线;

第四道:画 1m(线宽)空 4m(间隔),画 5 条彩色防滑标线;

第五道:画 1m(线宽)空 3m(间隔),画 5 条彩色防滑标线;

第六道:画 1m(线宽)空 2m(间隔),画 5 条彩色防滑标线。

第一道与第二道间隔为 33m,第二道与第三道间隔为 30m,第三道与第四道间隔为 17m,第四道与第五道的间隔为 51m,第五道与第六道的间隔为 47m。

3.2.2 车辆的制动片温度警戒段设置

(1)在自下坡开始到长纵大下坡总长 30% 距离处和 40% 距离处各设置一组,设置为:

第一道:画 45cm(线宽)空 40cm(间隔),画 4 条振动标线;

第二道:画 45cm(线宽)空 40cm(间隔),画 4 条振动标线;

第三道:画 3m(线宽)空 2m(间隔),画 5 条彩色防滑标线;

第四道:画 3m(线宽)空 2m(间隔),画 5 条彩色防滑标线;

第五道:画 3m(线宽)空 2m(间隔),画 5 条彩色防滑标线。

第一道与第二道间隔为 33m,第二道与第三道间隔为 17m,第三道与第四道、第四道与第五道的间隔均为 53m。

(2)在自下坡开始到长纵大下坡总长 50%、60%、70%、80% 距离处各设置一组,设置为:

第一道:画 5m(线宽)空 2m(间隔),画 5 条彩色防滑标线;

第二道：画 5m（线宽）空 2m（间隔），画 5 条彩色防滑标线；

第三道：画 5m（线宽）空 2m（间隔），画 5 条彩色防滑标线。

每道间隔均为 63m。

3.2.3 车辆的制动片温度危险段设置规格：

在自下坡开始到长纵大下坡总长 90% 距离处设置一组，设置为：

第一道：画 45cm（线宽）空 40cm（间隔），画 4 条振动标线；

第二道：画 45cm（线宽）空 40cm（间隔），画 4 条振动标线；

第三道：画 45cm（线宽）空 40cm（间隔），画 4 条振动标线；

第四道：画 3m（线宽）空 3m（间隔），画 5 条彩色防滑标线；

第五道：画 3m（线宽）空 2m（间隔），画 5 条彩色防滑标线；

第六道：画 3m（线宽）空 1m（间隔），画 5 条彩色防滑标线。

第一道与第二道间隔为 33m，第二道与第三道间隔为 30m，第三道与第四道间隔为 17m，第四道与第五道的间隔为 57m，第五道与第六道的间隔为 53m。

4 结语

高速公路长纵大下坡路段采用交通标志、振动标线与彩色防滑标线相结合的组合设置，通过交通标志提前预告、振动警示有效提醒驾驶者适当控制速度，并且增加轮胎与表面的摩擦阻力，提高了防滑性能，增强了车辆行驶的安全性，为高速公路行车安全提供了新的保障设施。虽然，目前交通标志、振动标线与彩色防滑标线相结合的组合设置正在实践验证阶段，相关理论和技术尚不成熟，但将是高速公路长纵大下坡路段交通安全设施设置的方向。

公路工程分包常见问题与应对措施

杨晓辉

[海南省琼中至乐东高速公路(琼中至五指山段)代建指挥部]

摘　要:本文就公路工程分包管理常见的问题进行了总结、分析,并探讨了加强分包管理的应对措施。

关键词:分包;常见问题;应对措施

前言:目前,随着公路建设市场的逐步发展,工程分包是市场发展必不可少的一种需求,分包管理是企业管理的重要组成部分,规范的分包管理可以有效地减少和防止财产损失和经济纠纷,有利于企业的持续健康发展。

1　公路工程分包存在的常见问题

1.1　分包导致的违约行为

施工过程中,不可避免地会出现违反合同约定的行为,这些虽然是偶然现象,但都是可预见的。公路工程分包常见可以预见的违约行为如下:承包单位在投标初始,对招标文件中的分包要求未做详细分析,由于时间紧迫,直接套用其他类似项目投标文件,对投标文件中的拟分包项目情况表默认无分包计划,然而实施过程发现由于某些原因对所承接的施工内容不能全部自行施工时,需要进行分包,从而出现违约行为。

1.2　分包合同主体混乱

目前,在工程分包中,为了便于签订合同,经常存在分包合同主体为“挂靠资质”的现象。承包单位在签订合同前,对合同主体真实情况未进行深入了解和详细审查,实施过程中,发现签订合同的主体与执行主体不一致,一旦出现责任事故和纠纷,因合同主体承担责任能力有限,给承包单位造成重大经济损失。同时还存在另外一种现象,一般为与承包单位以往的合作伙伴,也称为“关系户”,凭借双方信誉,在进行分包时,对于企业资质是否符合现在所承担的工作内容不做强制要求,简单地认为资质证件只作为分包合同附件的一部分,且与其签订的合同金额较大,给承包单位带来极大的风险。

1.3　分包合同执行效果差

工程分包管理不能达到预期效果一般有以下两种情况:一是合同签订不规范现象十分普遍,合同条款过于简单、模糊。不规范的合同导致的结果会因合同条款依据不足,使得分包管理工作困难重重。二是即便签订一份有效的、严密的合同,但并不能保证合同能被严格的执行。由于各种原因对工程分包单位管控能力受限,甚至处于被动状态,分包管理人员与施工人员有时为临时拼凑组成,专业技术水平和人员素质相对较低,分包单位对承包单位的指令和要求欠缺理解和执行能力,或者根本不予以理会,从而降低了承包单位管理工作成效。比如在出现质量问题时,要求现场进行返工处理,承包单位对分包单位下达整改指令后,分包单位迟迟没有动作落实。此情况反反复复出现,不但影响现场施工,而且影响承包单位整体进度形象。

1.4 法律风险意识不强

合同本身就承担一定法律风险,所以在合同管理中应尽量规避,但工程分包合同管理中忽视法律风险现象十分严重。在《公路工程施工分包管理办法 》第十七条中明确指出:“承包人将工程分包给不具备相应资格的企业或者个人的,属于违法分包”。然而在实际实施过程中,承包单位将工程分包给无相应资质的单位或个人的情况屡禁不止,依然违法签订分包合同。另外在签订分包合同时,无索要合同签订委托代理人法人授权委托书的习惯等,往往默认办理合同事宜的人员为委托代理人,对其身份不进行查验,直接与其签订合同。在发生合同纠纷时,发现签约人未经授权,签订的合同无效。由于对法律风险的忽视,从而使得承包单位面临行政处罚、自行承担事故责任、法律赔偿等风险。

2 应对措施

2.1 设置分包违约行为约束条款

根据《公路工程分包管理办法》第十一条“承包人对拟分包的专项工程及规模,应当在投标文件中予以明确。未列入投标文件的专项工程,承包人不得分包。但因工程变更增加了有特殊性技术要求、特殊工艺或者涉及专利保护等的专项工程,且按规定无须再进行招标的,由承包人提出书面申请,经发包人书面同意,可以分包”招标人应在合同条款中明确分包违约行为处罚条款,对未明确拟分包项目情况的承包单位,在中标后实施过程中因自身原因需要进行分包的,将按照合同约定进行违约处罚并计入企业信用评价系统。从而促使投标人在制作项目投标书时,认真研读招标文件中分包管理要求,根据招标工程项目的特性、工程所在地、工期要求及投标人自身的能力,参考以往类似项目经验,在投标文件中列明拟分包情况,合同安排施工组织,保障工程顺利实施。

2.2 加大分包合同审查力度

在合同签订前,承包单位首先应按程序对合同主体的企业资质、企业资信、履约能力、人员及设备配备情况进行详细的分级审查。初步审查结果满足分包条件的,拟定分包合同,然后报上级管理单位审批。经审批同意后,方能签订分包合同实施,同步将已签订分包合同报上级管理单位备案。在审查过程中,尤其要重视企业资质的审查。因企业资质需要企业资产、主要人员、工程业绩、技术装备同时满足条件,方能申请获得。所以,审查企业资质可以提前预知其日后履约能力,减小承包单位风险。在审查企业资质时,应严格按照有关规定审查分包单位企业资质真实性和是否符合所承担的工作内容。比如很多人狭义理解为专业分包资质大于劳务分包资质,笼统的认为具有专业资质的企业均可以承担专业分包和劳务分包,但在《建筑企业资质管理规定》(住房城乡建设部第 22 号令)中第五条明确规定:“建筑企业资质分为施工总承包资质、专业承包资质、施工劳务资质三个序列”。由此可以看出,专业分包资质与劳务分包资质属于并列关系,并非包含关系。如果上级管理单位审查发现承包单位上报拟分包的合同主体的企业资质等不满足分包条件,应对承包单位予以警告,并给出明确意见不同意签订分包合同,同时加大对承包单位分包合同的检查力度。承包单位不应抱有侥幸心理,应严格按程序上报、审批。上级单位对未经审批的分包合同,应深入追查,如发现已签订的分包合同不符合相关规定,应对承包单位予以经济处罚,同时要求立即清退该分包单位,并将该分包合同所涉及的单位设为项目分包商名录的黑名单,不允许再有合作。

2.3 加强分包合同执行过程管理

合同拟定前,应根据合同内容设置相应严谨、具有针对性的专用条款,不应简单套用通用模板而不做任何修改,这样才能保证管理工作有据可依。在分包合同的执行过程中,应严密跟踪相关条款的执行情况,对于发现存在的问题,按照合同条款及时予以纠正,降低合同风险减小因此而带来的损失。加强对分包单位的人员管理,不能以包代管,把管理工作全部委托给分包单位管理人员。一线施工人员是工程施工过程中的第一责任人,承包单位加强现场教育培训,积极主动了解现场施工人员工作情况检查其质量行为,规范施工作业程序。对发现的问题,及时与分包单位管理人员沟通、协调,并提出整改要求,如若分包单位管理人员不作为,应及时反馈分包单位,要求更换现场管理人员。各层管理人员要做到职责明确、程序规范,从而使合同的执行情况处于有效的控制状态。

2.4 强化法律意识

一般而言,合同签订流程越随意,法律风险越大。为了有效降低工程施工分包的法律风险,承包单位必须坚持依法分包的原则,不能存在侥幸心理。加强法制教育和合同管理人员的培训教育,组织人员学习进行法律法规知识的学习,提高全员法律素质,使法制观念深入人心,从思想根源上杜绝违法行为。同时,加强法律知识在合同管理中的应用,运用法律手段规避合同中潜在风险,保证合同有效实施,切实维护企业的合法权益,减少不必要的损失。

3 结语

综上所述,规范工程分包,承包单位不但可以提高企业经济效益和社会效益,而且可以从根本上避免或减小的企业损失和降低企业所承担的风险。总之,加强分包管理可以更好地提高企业管理水平,降低企业管理成本,提升企业效益。

浅谈山区高速公路边坡坍塌原因及治理措施

肖　涛　林水荣

[海南省琼中至乐东高速公路(琼中至五指山段)代建指挥部]

摘　要:由黏性土、膨胀土、碎石类土以及基岩差异风化组成的路堑边坡,常发生溜坍、坍塌等病害,分析路堑边坡坍塌原因及治理措施,对新建高速公路及现有山区高速公路的设计、施工及养护均意义重大。

关键词:路堑边坡;坍塌;降雨;地质

1　引言

路堑边坡的坍塌是山区高速公路常见的一种地质病害,由黏性土、膨胀土、碎石类土以及基岩差异风化组成的路堑边坡,常发生溜塌、坍塌等病害。尤其是在暴雨或连续强降雨后极易发生此类病害。坍塌往往危及现有高速公路行车安全又严重制约新建高速公路工程进度,且对国家和人民生命财产造成重大损失。分析路堑边坡坍塌原因及治理措施,对新建或现有山区高速公路的设计、施工及养护均意义重大。

2　边坡坍塌类型及原因

2.1　按滑坡体的物质组成和滑坡与地质构造关系划分,可以分为:

(1)覆盖层滑坡。本类滑坡有黏性土滑坡、黄土滑坡、碎石滑坡、风化壳滑坡。

(2)基岩滑坡。本类滑坡与地质结构的关系可分为:均质滑坡、顺层滑坡、切层滑坡。顺层滑坡又可分为沿层面滑动或沿基岩面滑动的滑坡。

(3)特殊滑坡。本类滑坡有融冻滑坡、陷落滑坡等。

2.2　路堑边坡坍塌主要原因具体如下:

(1)边坡爆破炸药用量较大,造成边坡岩体松散,易导致边坡失稳。

(2)路堑边坡未按照设计的边坡坡率开挖且防护不及时,边坡大面积裸露在空气中,长期受自然环境的强烈作用发生化学变化,造成岩体风蚀严重,边坡抗剪能力低而失稳。

(3)路堑边坡的截水沟、平台排水、急流槽及平孔排水等设施未完善,下大暴雨时水流直接冲刷边坡,从而造成边坡坍塌。

(4)边坡岩性主要为膨胀土、高液限土、碳质泥岩等夹层,土体含水率大,遇水后土体膨胀,扰动路堑边坡土体引起坍塌。

3　滑坡形成机制分析

海南省琼中至乐东高速公路为山区高速公路，地形高差大，K146 + 450 ~ K146 + 650 段右侧边坡位于琼中县什运乡什运村西北 1.2km，沿线为低山丘陵地貌，山体由花岗岩构成，呈南北向展布，自然坡角 20° ~ 25°，山体植被发达，多为原始次生林。边坡开挖完成后，出现薄层滑坡，滑坡体厚度 5 ~ 10m，滑坡体积大于 5000m^3，滑坡后缘地表出现明显张拉裂缝，滑坡周界明显。

要探讨滑坡的形成条件，就必须考虑影响边坡稳定性的因素。影响边坡稳定性的因素有内在因素和外在因素两个方面，它们是相互联系，相互补充的。其中内部因素包括地形地貌因素、岩性因素、构造因素等，外部因素主要为持续强降雨，不合理的开挖和坡面上的加载、振动等。

3.1　地形地貌因素

滑坡所在区域属低山丘陵地貌，山体由花岗岩构成，呈南北向展布，自然坡角 20 ~ 25°，山体植被发育，线路经过地面高程在 305.51 ~ 339.53m，相对高差约 35m。边坡开挖形成高 10 ~ 22m 的两级边坡，且未及时进行支护。加上滑坡区位于山坡中下部，易于汇聚地表水和地下水，因而地形有利于形成滑坡。

3.2　岩性因素

构成滑体主要物质是第四系坡积松散堆积物，由黏性土及碎块石、砂砾组成，碎块石含量 20% ~ 35%。该层结构较松散，同时这些部位又易于风化，抗剪强度也低。在大量雨水下渗甚至冲刷作用下，碎石土、粉质黏土等物质结构松散，透水性强，易于雨水入渗，降低土体抗剪强度，就容易发生顺层滑坡以及在堆积层内沿着基岩面滑动，为滑坡形成奠定了基础，进而引发变形、滑塌。

3.3　降雨及地下水因素

持续强降雨是引发本次滑坡的诱发因素。因滑坡体主要由黏性土及碎块石、砂砾组成，其结构松散，土体孔隙度大，渗透性强，雨水容易入渗，是地下水良好的运移通道和赋存空间。因山体地势较陡，水体排泄快，形成向下的渗流力，增大了滑坡下滑力。土体饱和后增加了滑体的重力，同时也降低了土体抗剪强度。加上地表水体的局部冲刷作用，当雨水较大或持续时间较长时，易使滑坡体变形下滑。

3.4　边坡开挖因素

边坡开挖是形成滑坡的外在因素。边坡分两级开挖，边坡坡率分别为 1:0.5 ~ 1:1.0。边坡开挖后未及时防护，加快了地表水的渗入，形成 10 ~ 22m 的临空面，使坡脚失去支撑，降低了岩土体的稳定性，扰动了斜坡的初始应力平衡条件。斜坡应力平衡一旦被破坏，就会随之进行应力的调整，以求达到新的平衡。斜坡应力调整的宏观表现，就是斜坡发生变形破坏，从而导致边坡的滑动。

该滑坡体主要物质成分为第四系坡积层松散堆积物，由粉质黏土及碎块石、砂砾组成，其下部的残积层砾质黏性土和全 ~ 强风化花岗岩未见变形和滑动。该斜坡在边坡未开挖前是稳定的，边坡开挖后，第四系坡积层松散堆积物在连续降雨后，地表水大量下渗，使第四系坡积层松散堆积物饱水后增加了滑体的重力，同时也降低了土体抗剪强度，导致坡体变形、滑动。随着雨季来临、地下水活动的加剧，滑体将进一步扩大。

4 滑坡治理工程设计原则

该滑坡进行治理工程设计的基本原则是:在保证滑坡稳定性的前提下,最大限度地降低工程投资。根据本滑坡的特点,需做到以下几点:

(1)技术可行,经济合理。

(2)所采取的工程措施应便于及时实施,并具有足够的安全度。

(3)治理工程实施时及施工完成后,不引发新的地质灾害,有利于保护环境。

针对该滑坡的变形特征、滑坡性质、滑体物质组成特征、边坡开挖施工特征、影响坡体稳定的敏感因素及所保护的对象等综合分析,提出了抗滑桩支挡与截水沟相结合的治理措施以及放缓边坡卸载与截水沟相结合两个方案。经过综合比选,放缓边坡卸载与截水沟相结合方案在占地允许的情况下具有更安全、施工工艺简单、降低工程造价等优点。

5 滑坡治理措施

该滑坡属于浅层滑坡,滑体平均厚度为5.2m。采用加宽平台及多级放坡,从而对滑体进行全部清除,并结合一定的防护措施,以保证卸载后的边坡稳定。该方案在征地和土方允许的前提下,将滑坡体全部进行清除,从而确保了处理后的边坡安全。

5.1 放缓边坡及设置宽平台工程措施

原设计施工图中第一级边坡坡率为1:0.5,分级高度10m。目前由于滑坡体剪出口已位于一级边坡的上部,因而将第一级边坡由原10m调整为7m。具体方案如下:第一级边坡坡率1:1、坡高7m、平台宽6m;第二级边坡坡率1:1.25、坡高6m、平台宽6m;第三级边坡坡率1:1.25、坡高6m、平台宽6m;第四级边坡坡率1:1.25、坡高6m、平台宽3m;第五级边坡坡率1:1.25、坡高6m、平台宽3m;第六级边坡坡率1:1.25。

放缓边坡后,取K146+569断面进行验算,正常工况下滑动安全系数为1.381,暴雨工况下滑动安全系数为1.237。边坡在两种工况下,都处于稳定状态,对边坡坡面进行骨架防护处理及加强排水措施即可。

5.2 防排水措施

(1)仰斜式坡面排水孔

在第二、三级边坡平台上1.0m处布置一排仰斜式坡面排水孔,排水孔为直径11cm的硬塑透水管,长度15~20m,仰角6度,第二排距第一排间距为3m。

(2)截、排水沟

在放坡后的坡面周界外5.0m处设置截水沟,截水沟总长410m。截水沟采用M7.5浆砌片石砌筑,沟壁及底厚各30cm。片石采用中风化的砂岩,最小边的长度应大于15cm,抗压强度不低于30MPa。为保证截水沟具有足够的抗冲刷能力,表面采用M10水泥砂浆勾缝处理。为防止涨缩变形影响,每隔10~15m设置一道伸缩缝,缝宽2mm,采用沥青木板塞填。

6 边坡监测

边坡变形监测主要是观察坡体位移随时间、开挖进程和降雨的变化规律,具体的观测内容、方法、时间、工作程序、工作频率如下:

(1)监测内容:边坡位移情况,裂缝发展情况。

(2)工作方法:采用全站仪监测边坡各标注桩的坐标、高程,利用直尺量测裂缝宽度变化情况。

(3)工作程序:在深挖路堑边坡范围内,从挖方边坡起始桩号处开始布设观测断面,沿路线方向每隔 20m 布设一个观测断面。于断面边坡坡口线外 5m 处埋设位移监测桩。开挖过程中,在对应边坡平台位置埋设固定桩,直至边坡坡脚。

(4)工作频率:边坡施工期间,固定桩位移每 15 天观测一次,雨季时每 7 天观测一次,遇强降雨及突发性暴雨应每天观测一次,边坡施工完成后至道路通车 1 年半时间内,每个月观测一次。若变形明显加大,应持续监测。

7 结语

路堑边坡后缘裂缝已经形成,地表降水沿裂缝入渗,不仅会造成滑体的进一步滑动,还将会牵引作用,造成整体滑坡的加速和大规模滑动,危及下部路基的施工安全,影响工程进度。滑坡体一旦整体滑动将给后期治理带来相当大的难度同时增加工程造价。因此对滑坡进行专项治理刻不容缓。

浅谈公路沥青路面施工的“六优七度”管理法则

寇含强　王小刚

[海南省琼中至乐东高速公路(琼中至五指山段)中心试验室]

摘　要:沥青路面施工环节众多且环环相扣,为保证其施工质量,笔者对《公路沥青路面施工技术规范》(JTG F40—2004)的相关内容进行提炼,结合工程经验和现有的施工水平,提出了“六优七度”法则,方便在施工过程中的简单化技术交底及帮助抓住实施过程中的重点。

关键词:沥青路面;六优七度;管理法则

1　引言

自20世纪20年代我国在上海开始应用沥青路面至今,已近百年历史。沥青路面具有行车舒适性好、抗滑性能高、噪音及扬尘低、易养护等优点,在我国被广泛应用;其施工技术也得到了跨越式发展和普及。

沥青路面施工目前面临着前所未有的压力和挑战:早期病害多、使用寿命不及设计预期;技术上的突破性创新难;基础质量控制环节众多且环环相扣;难以完全掌握所有技术要点自始至终应用于施工全过程;在进度、效益、惰性的压力下,技术人员常顾此失彼,难以抓住重点。

本文以《公路沥青路面施工技术规范》(JTC F40—2004)为基础,结合施工经验及现有施工技术水平,提出了沥青路面施工的“六优七度”管理法则。

2　“六优”法则

2.1　优秀的施工人员

沥青路面施工具有技术和劳动密集型的特点,人员质量和数量在质量管理和实施过程中起着决定性作用。组建精干高效的管理班子并建立合理的组织机构,明确岗位责任,形成人与人之间相互协作、相互制约的工作机制尤为重要。路面施工企业具有环境艰苦、人员流动性大的特点,必须以人性化管理营造良好的用人环境,注重人才的激励和梯队人才的培养,弘扬“工匠精神”,促使技术人员掌握并落实质量控制要点,充分发挥人才的积极性和对新观念、新技术、新材料的创造性。

2.2　优质的原材料

原材料占沥青路面施工成本的70%左右,无论是对其质量还是效益都处于绝对核心作用,沥青路面使用环境复杂,使用轴次、极端气候、三超等不可控因素增多,对路面质量提出了更严峻的考验。所使用原材料各项技术指标都必须符合规定的技术要求,严格控制原材料质量是保证沥青路面质量的重要前提。

沥青混合料所用原材料包括:胶结材料(目前存在按需求定制指标情况,如针入度、软化点、延度、黏度、老化后延度等)、矿料(级配稳定且分档宜与沥青混合料拌和设备一致、强度高、粒形好、无软石和杂质、需严格控制含泥量)、填料(必须为碱性石灰岩矿粉,可使用水泥或消石灰替代部分矿粉,严禁使用回收粉)、外掺料(剂)(掺量一般较小,但对混合料性能影响巨大,包括抗剥落剂、纤维、抗车辙剂、阻燃剂、温拌剂、直投改性剂等)。

2.3 优良的施工设备

沥青路面施工机械化程度较高,设备生产能力及性能必须在满足施工进度和施工质量需要的基础上有所富裕。设备必须配套科学合理;确保其性能稳定、可靠;安全环保且性价比较高;设备操作人员必须懂得其工作原理,具备日常维护保养及简单故障的排除能力。常用设备包括沥青混合料拌和站、运输车辆、摊铺设备、碾压设备及沥青洒布车、发电机组、清扫设备、装载机、废粉加湿排放装置等。

2.4 优化的施工配合比

沥青混合料配合比设计及动态优化是一个庞大的系统性工作,技术含量较高,对确保沥青混合料施工质量起着关键性作用。

为了使实际生产时符合设计目标,需要对每个环节精益求精,反复优化,对拌和站生产数据、室内外检测数据进行相互校准,对异常波动情况进行分析,使混合料的生产配合比始终控制在设计性能的最佳状态。生产过程中,在既有规范允许的范围内灵活调整,不能一个配合比用到底,做到将室内试验与施工生产联系在一起,充分发掘设备潜能,动用一切技术手段提高混合料路用性能。

2.5 优选的施工组织设计

施工组织设计是针对项目特点,实现工期目标、设计意图和经济目标的方法、路径,对施工活动全过程实行科学管理的前瞻性、纲领性文件。施工组织设计需基于既有环境条件,在符合现行技术要求下,统筹施工资源配置及投入、细化工期及工作顺序、明确施工方案、找准施工重难点、针对性和可操作性强,并需要认真贯彻执行。

2.6 优越的质量内控制度

制度是社会、企业为达成质量目标、方针而制定的质量策划、质量控制、质量保证和改进等活动的强制性文件,也是实现公平、公正、公开避免质量事故的必要条件。一切质量活动均与制度有关,沥青路面施工也不例外。任何制度的建立和完善均基于事故的教训和保障质量的客观需要,具有符合性、唯一性、系统性、全面有效性、预防性、动态性、权威性、约束性、激励性、惩罚性、规范性和程序性。建章立制,并保证相关制度的持续有效运转,对施工质量管理全过程均起着至关重要的作用。目前质量内控制度普遍以 ISO9001:2000 质量管理体系为基础。

3 “七度”法则

3.1 温度

沥青混合料属于感温性材料,对温度较敏感。石油沥青加工及沥青混合料施工温度应根据沥青标号及黏度、气候条件、铺装层的厚度确定。包括沥青加工温度、储存温度、沥青在热拌沥青混合料时的加热温度、矿料加热温度、混合料出料温度、混合料储存温度、混合料废弃温度、运输到现场的温度、摊铺温度、碾压及开放交通温度等,均需满足现行规范要求。

3.2 速度

沥青混合料施工过程中的速度包括拌和站冷料仓供料速度、拌和速度、摊铺断压路机。

冷料仓供料速度直接影响混合料产量、级配的稳定性、混合料温度及等料、溢料情况,生产过程中必须尽可能做到冷热料仓的动态平衡。

沥青混合料必须在沥青拌和厂采用间歇式拌和机械集中拌制,拌和速度直接决定着混合料的生产质量和工作效率,需根据拌和站性能及沥青品种、混合料类型经试拌确定,沥青须均匀覆盖集料。

摊铺作业速度的变化直接影响着沥青路面密实性、平整度和混合料表面的均匀性。摊铺机必须缓慢、均匀、连续不间断地摊铺,不得随意变换速度或中途停顿。

压路机碾压速度影响着沥青混合料的压实度和平整度,压路机应以慢而均匀的速度紧跟摊铺作业面,碾压路线及碾压方向不应突然改变而导致混合料推移。

3.3 清洁度

沥青混合料的清洁度主要包括冷、热料仓集料的 0.075mm 通过率;热料仓集料是否有未燃烧充分的重油油斑;作业面的干净程度等。

0.075mm 通过率(含泥量)影响沥青混合料的高温稳定性和水稳定性,影响集料与沥青的黏结强度。除原材料 0.075mm 通过率必须满足技术要求外,拌和站除尘系统也必须工作正常,严禁使用废粉。

重油燃烧未尽或析碳已成为热拌沥青混合料早期破坏的重要原因之一。主要危害变现为:①骨料与沥青黏附性降低;②混合料水稳定性(残留稳定度与冻融劈裂强度比)降低;③重油中含与沥青相容的有机物成分腐蚀沥青混合料,衰减混合料力学性能,降低其路用性能下降;④影响拌和站除尘系统的正常工作;⑤增加大气污染等。若采用重油作为拌和站骨料加热介质时,必须确保其充分燃烧,在集料表面不得黏附碳粉或残留油分。

路面结构设计采用双圆均布垂直荷载作用下的弹性层状连续体系理论进行计算,在施工过程中必须确保各结构层的黏结。若各结构层之间结合不紧密甚至脱层,将严重沥青路面的结构强度和承载能力,易产生车辙或层间剪切滑移,从而影响路面结构耐久性。因此,必须保证各结构层之间的清洁。

3.4 厚度

沥青路面结构层厚度在设计师是以满足结构整体刚度(即承载力)与沥青层或半刚性基层、底基层抗疲劳开裂的要求为基本依据。厚度不足或不均匀将严重影响路面平整度、压实度、交工质量鉴定,影响路面的整体刚度和耐久性。

3.5 平整度

路面平整度是评价路面使用性能的重要指标,直接影响着行车的安全性、舒适性、耐久性,能直观反应沥青路面施工质量的技术水平。若路面平整度较差,会危害行车安全、加速路面破损、降低混合料抗水损坏能力,降低社会经济效益。

3.6 压实度

压实度是体现沥青路面施工质量优劣的核心指标之一。压实度是混合料拌和质量、施工工艺执行情况、施工设备性能优劣的综合体现,压实不足将直接导致结构层的强度、稳定性、抗疲劳性、平整度和整体刚度下降、加速车辙和路面变形的产生、局部松散、推移、加速水损坏、影响结构耐久性等。

3.7 准确度

准确度主要是指试验检测数据的正确性和精密度，用于客观分析和判断沥青路面施工质量是否符合技术要求，对确定施工材料的使用性能、在施工过程中的工艺改进、保障施工质量，提升试验检测能力、提高工程质量管理水平和树立项目的良好形象具有积极的推动作用。

4 结语

经过笔者对《公路沥青路面施工技术规范》(JTG F40—2004)相关内容的提炼，提出"六优七度"质量控制法则，方便在施工过程中的简单化技术交底及便于施工技术人员能抓住实施过程中的重点，为沥青路面施工技术的普及和提高提供参考。

浅析业主在高速公路建设工程项目实施阶段的进度控制

刘朋宝　高芳植　丁雪奇

［海南省琼中至乐东高速公路(琼中至五指山段)代建指挥部］

摘　要:高速公路建设工程项目实施阶段是业主项目管理的重要组成部分,其中进度管理是业主实施阶段管理的重中之重,但进度受多种因素的影响。本文就如何抓好项目进度管理,进行了分析总结,供借鉴参考。

关键词:高速公路;业主;采取的措施;进度控制

高速公路建设工程项目的全寿命周期包括项目的决策阶段、实施阶段和使用阶段,而实施阶段的主要任务是通过管理使项目的目标得以实现。高速公路项目作为一个复杂的系统工程,其实施阶段具有投入资金较大、涉及单位较多、实施技术复杂、技术指标要求严格、建设时间长等特点,其管理的主要内容就是“三控三管一协调”,而“三控”中的进度控制管理的好坏,直接关系到项目建设能否如期交工使用,同时也影响到工程质量和项目投资控制。项目管理实施过程中,进度控制受到多种因素的影响,如:施工组织、管理力度、生产要素投入、气候、外界环境等。要确保项目进度有序推进,必须充分发挥业主的作用。

1　高速公路项目施工单位现状

1.1　施工单位选派的项目经理能力有限

随着社会经济的发展,都在提倡项目领导班子年轻化,再加上现阶段施工企业承揽任务重,导致很多项目经理都比较年轻,经验有限,缺少一定的超前意识,管理水平也有待提高,导致管理混乱,影响施工进度。

1.2　施工单位项目经理不再是“一支笔”,可支配权利急剧减少

现场施工单位项目经理手中可支配资源有限,甚至没有调动人员、购买材料、设备或租赁机械设备的权利,可支配资金更少,需要增加任何生产要素均要上报请示公司,而公司要经过层层审批,审批流程甚是烦琐,等待审批通过,往往会错过最佳的施工时机,直接影响施工进度。

1.3　施工单位的各级管理人员存在不固定性

随着社会经济的持续快速发展,国家基础设施建设急剧加快,需要的各类管理人员相应

增加,有的项目到了中期感觉步入正轨就调走重要的骨干力量,而进行交接的甚至是刚毕业不久的实习生,难免影响施工进度。

1.4　施工单位技术管理人员参差不齐,能力有限

伴随高速公路项目建设越来越多,直接导致施工单位不得不扩招刚毕业的学生,而施工单位又没有对其进行系统的培训,缺少实践能力,识图能力、沟通能力均有限,经验欠缺,导致技术指导出现错误,甚至不得不返工,影响进度。

1.5　现场工人难以约束

有的施工单位选派的劳务工人本身素质较低,再加上施工单位自身疏于教育和管理,部分工人甚至在没有掌握基本施工技术和安全自我保护技能的条件下,就进入施工现场从事施工,对现场安全和质量不重视,导致出现安全和质量事故,对施工进度产生较大影响。

1.6　项目进度控制是一个动态管理过程

项目建设过程涉及因素众多,不可控因素也较多,如天气、自然资源等,因此项目进度控制也就必须是一个动态的管理过程。

2　高速公路项目施工前期业主需要解决的问题

2.1　业主团队要具备丰富的施工经验和管理能力

能够从全局掌控整个项目建设,施工过程中可以及时督促、提醒、引导施工单位的项目经理,分清主次,对工程项目的重点、难点进行重点把握,避免走弯路,可以提前预防施工单位因管理经验欠缺造成不必要的损失,影响项目施工生产。

2.2　业主作为项目法人,招标过程要慎重

招标期间,业主要严格筛选投标人的资质条件、工程业绩、企业信誉、设备和技术能力人员、财务状况等方面,确保潜在的竞标单位有足够的能力去从事本工程项目。尤其是某些私人企业或者地方企业,更要慎重选择。

2.3　甲供材的及时供应

为保证工程进度和质量,项目业主往往对钢筋、水泥、沥青等主要材料采取甲供的形式采购,但又缺乏管理。为保证材料供应,业主应选取多家材料供应厂家,保证施工生产过程中甲供材的及时供应。

3　高速公路项目进度管理中业主采取的措施

为保证高速公路项目的工程进度按照计划工期顺利推进,在满足合同要求的工程质量和安全环保的前提下,业主要引导帮助施工单位加快施工进度,实现早日通车运行的目标。具体措施如下:

3.1　倒排工期,制定详细的施工进度计划

施工单位进场前,业主根据工程项目总工期的要求,提前梳理项目的资源情况,编制项目总体施工进度计划,再分别编制年度施工进度计划,甚至可以细化至每个季度。施工单位进场后,要求各施工单位根据业主的进度计划逐一细化,施工过程中根据细化的进度计划去掌控每天的施工生产,以便于及时进行纠偏。

3.2　控制性工程,进行重点监控

每个项目都会有自己的关键或重点工程,业主应督促施工单位派专人负责,实行“领导包保制”,实现责任到人,对关键或重点工程实现全过程监督管控。

3.3 简化办理流程,缩短时限,提高办事效率

由于一个工程项目战线较长,一个勘察设计单位承担任务较重,而施工过程中地质地形复杂,出现变更也是在所难免,一旦变更处理不及时,甚至延后 2 ~3 个月,直接影响现场施工进度。因此,简化流程,快速确定有效的变更方案,及时进行施工生产,可推进项目施工进度。

3.4 及时解决施工过程中遇到的征拆问题

一个工程项目的建设,需要占用大量用地,尤其包括部分临时用地,需要业主进行协调解决,因此,业主要经常深入施工现场,有效快速的推进征拆进度。

3.5 制定奖罚制度,充分发挥经济杠杆的作用

人员控制与合理利用是保证项目顺利进行的关键。作为业主,充分利用经济杠杆,通过实施春季劳动竞赛、路基劳动竞赛、梁板预制(安装)竞赛、路面劳动竞赛等一系列活动来推动整个项目的施工生产,极大地调动施工单位的积极性,推进施工进度。

3.6 交叉施工,起到协调润滑作用

当前高速公路项目建设均要求土建、路面、交安、机电、房建工程在批准工期内同步完成,但实际施工过程中多按照施工顺序依次开标,施工交叉较多。作为业主,就要督促各标段理顺各自的施工界面,加强沟通,主动配合,保证施工界面顺畅衔接,加快施工生产进度。

3.7 加强合同管理,采取合同条款督促现场施工

合同管理是以事前控制为理念,明确在高速公路工程建设过程中业主与承包单位进度控制的责任和义务,在工程招投标之前制定详细、规范化的管理办法,并在招标文件的合同专用条款中列出,保障了项目进度目标的顺利实现。对于进度滞后的施工单位,业主可依据合同约谈其法人单位代表,要求采取具体有效的措施落实施工进度计划,并在一定期限内实现要求的施工进度。

3.8 履行职责,做服务型的项目管理单位

高速公路施工生产中,施工单位很多的施工方案、变更资料、中间计量支付等均要通过业主的审批。业主要强化服务意识,以服务意识提升管理质量,以管理保进度,切实为各施工单位做好服务,推动整个项目的顺利推进。

3.9 项目进度管理信息化

信息化管理是公路工程进度目标执行控制手段的综合反映和运用。信息化管理为项目进度控制提供了良好的发展基础,通过对工程项目进度的动态管理和实时控制,有利于项目建设管理的规范化、科学化,应加大应用信息化技术,保证项目进度过程中信息的无缝衔接。

3.10 资金的及时拨付,推动项目施工进度

业主资金的及时拨付,对施工班组、材料供应商、设备租赁商甚至于施工单位职工的情绪都能产生积极调动作用,整个工程项目的建设也得以进入良性循环,否则可能导致项目的恶性循环,致使工程进度停滞不前。

3.11 文化建设引领项目不断前行,推动施工生产

一个项目的健康成长,离不开它的文化建设,建立浓厚的“家”文化以聚人心,让每一个参建人都可以体会到“家”的温馨,在一个周边都是亲情的大环境里,踏踏实实的从事施工生产,可以发挥每个人的最大潜能,带动整个项目的快速健康发展。

3.12 以党建工作为引领,凝心聚力,带动项目不断前行

党的十九大胜利闭幕,让世界瞩目,也让奋战在一线的党员同志不忘初心,牢记使命,继

往开来,再创辉煌。每个参与高速公路项目建设的单位都有自己的党支部,这就需要支部书记带领党员同志们凝心聚力,积极发挥党员先锋模范作用,带动周围的同志们砥砺前行,去挑战一个又一个山峰。

4 结语

高速公路项目进度控制的目的是通过控制以实现工程的进度目标,它需要所有参建人员的共同努力,而业主作为重要的组织者,应按照科学规律,统筹全局,超前谋划,将各项工序紧凑安排,按照进度控制的动态原理进行进度管控,引导整个项目的顺利推进。

浅析 SMA-10 加铺层沥青混合料的质量控制

王 江 林水荣

[海南省琼中至乐东高速公路(琼中至五指山段)代建指挥部]

摘 要:随着高等级沥青路面的快速发展同时伴随着交通量、载重量的增加,沥青路面开始出现表面剥落、坑槽、车辙、平整度越来越差等病害影响沥青路面使用寿命及使用性能和舒适性,为了较好的解决此类问题,开发出经济型的沥青路面加铺层用于路面养护和新建工程都有着重要意义,本文就 SMA-10 沥青混合料质量控制进行说明。

关键词:原材料;配合比;施工工艺控制

SMA 沥青马蹄脂是由碎石集料、沥青、矿粉、纤维组成的沥青马蹄脂填充间隙的间断级配沥青混合料。同常规 AC 类密集配沥青混合料相比具有“三多一少”的特点。即指沥青用量多、粗集料碎石用量多、矿粉用量多、细集料用量少。SMA 优点在于抗车辙能力强,抗磨耗以及抗滑性能优良、耐久性较好。

1 原材料

沥青路面工程质量想要做好,必须要有优良的原材料。原材料是工程质量的根本。沥青路面的早期破坏大多数原因都是原材料不好造成的,更有甚者以次充好,所以对于原材料的质量把控应放在首要位置。

1.1 粗集料

对于 SMA-10 沥青混合料的粗集料应选用玄武岩。玄武岩具有强度高、耐磨耗、耐磨光、抗侵蚀、抗冲击能力强以及与沥青有较好的黏附性等特点。破碎玄武岩应采取三级破碎:一破鄂破、二破圆锥破或反击破、三破为整形机太形机并带有除尘水洗设备保证所生产的集料洁净无尘,粒型接近立方体,石料厂筛片尺寸应为 10mm、5mm、3mm,检测结果如表 1、表 2 所示。

粗集料(5~10mm)试验结果 表 1

指 标	单 位	检测结果	要 求
压碎值	%	7.5	≤20
洛杉矶磨耗	%	13.2	≤26
磨光值	PSV	55	≥45

续上表

指　　标	单　　位	检 测 结 果	要　　求
表观相对密度	—	2.979	≥2.6
毛体积相对密度	—	2.936	—
吸水率	%	0.49	≤2
坚固性	%	0.1	≤12
针片状(混合料)	%	3.4	≤10
水洗法≤0.075mm筛通过率	%	0.1	≤1
软石含量	%	0	≤3
黏附性	等级	5	5
破碎面	%	100	100

粗集料(3～5mm)试验结果　　表2

指　　标	单　　位	检 测 结 果	要　　求
洛杉矶磨耗	%	11.2	≤26
表观相对密度	—	2.973	≥2.6
毛体积相对密度	—	2.929	—
吸水率	%	0.48	≤2
坚固性	%	0.1	≤12
水洗法≤0.075mm筛通过率	%	0.1	≤1
软石含量	%	0	≤3
破碎面	%	100	100

1.2　细集料

对于SMA-10沥青混合料所用的细集料应选用石灰岩,石灰岩具有黏附性好、易于压实、吸油率小、耐久性好等优点。细集料的生产应采用制砂机制造。机制砂拥有良好的棱角性和嵌挤性,检测结果如表3所示。

细集料检测结果　　表3

指　　标	单　　位	检 测 结 果	要　　求
砂当量	%	98	≥60
棱角性	%	18.2	≤30
表观相对密度	—	2.945	≥2.6
毛体积相对密度	—	2.815	
吸水率	%	1.15	≤2
水洗法≤0.075mm筛通过率	%	0.5	≤1

注:之所以要求细集料0.075mm通过率不大于100%,因为往往石料厂所生产的细集料含有不稳定的粉尘,会影响SMA混合料的质量及性能,本文0.075mm以下的填充料全部用矿粉代替。

1.3　沥青

对于SMA-10沥青马混合料所用的沥青应采用70号基质沥青进行SBS改性,采用70号基质沥青改性的改性沥青黏稠度高、抗老化能力强并且对黏附性有一定的提高,检测结果如表4所示。

SBS 改性沥青检测结果 表 4

指　标	单　位	检测结果	要　求
针入度(25℃,100g,5s)	0.1(mm)	48	40~60
针入度指数 PI	—	0.989	≥0
延度(5℃,5cm/min)	Cm	28	≥20
软化点	℃	76.5	≥60
运动黏度(135℃)	Pa.s	1.03	≤3
弹性恢复	%	96	≥85
闪点	℃	275	≥230
沥青密度	g/m^3	1.018	—
溶解度	%	99.98	≥99
储存离析差(48h 软化点差)	℃		≤2.5
旋转薄膜烘箱(163℃老化)			
质量变化	%	0.354	±1
针入度比(25℃)	%	76.6	≥65
延度(5℃)	cm	23	≥15

1.4 纤维

对于 SMA-10 沥青混合料所用的纤维应采用在 250℃干拌温度下不变质不发脆的木质絮状纤维,还应防止纤维回潮。木质絮状纤维优点在于易分散、易添加、易拌和等。纤维对混合料的主要作用有:吸收吸附作用、加筋作用、稳定作用等。检测结果如表 5 所示。

木质纤维素的检测结果 表 5

指　标	单　位	检测结果	要　求
纤维长度	mm	1.5	≤6
灰分含量	%	21	18±5
pH 值	—	7.9	7.5±1
吸油率	—	7	纤维质量的 5 倍
含水率	%	0.6	≤3
纤维表观相对密度	—	1.41	实测

1.5 矿粉

对于 SMA-10 沥青混合料所用的矿粉必须采用石灰岩进行磨制(熟磨),母岩应除去泥土等杂质,所磨制矿粉应干燥、洁净。矿粉在混合料中的作用至关重要,只有沥青吸附在矿粉表面形成的胶质材料才能使粗细集料产生紧密黏结。矿粉检测结果如表 6 所示。

矿粉的检测结果 表 6

指　标	单　位	检测结果	要　求
表观密度	t/m^3	2.768	≥2.5
含水率	%	0.2	≤1
粒度范围 <0.6mm	%	100	100
<0.15mm	%	99	90~100
<0.0.075mm	%	95.6	80~100
外观	—	无团粒结块	无团粒结块

续上表

指　　标	单　　位	检 测 结 果	要　　求
亲水系数	—	0.6	<1
塑性指数	%	3.2	<4
加热安定性	—	无明显变化	实测记录

2　目标配合比

沥青路面配合比设计主要包括确定矿料级配与最佳沥青用量；SMA 类型混合料主要包括粗集料骨架的间隙和沥青马蹄脂填充料的设计。不同矿料级配所构成的骨架间隙不同，SMA 类型属于骨架—密实结构，这种结构的强度主要来源于马蹄脂与粗集料的内摩阻力。

2.1　级配

2.1.1　初选级配

对于 SMA-10 沥青马蹄脂薄层罩面的级配应至少选择四组级配，粗、中、细级配三种级配如表 7 所示。

试 配 结 果　　表 7

SMA-10 沥青混合料级配组成										
筛孔尺寸(mm)		13.2	9.5	4.75	2.36	1.18	0.6	0.3	0.15	0.075
材料筛分通过率(%)	5～10mm	100	90	1.0	0.0	0.0	0.0	0.0	0.0	0.0
	3～5mm	100	100	96.6	15.2	3.3	2.1	1.3	1.3	0.1
	0～3mm	100	100	100	90.5	63.3	42.7	25.9	21.7	0.5
	矿粉	100	100	100	100	100	100	100	99.0	95.6
设计级配通过率(%)	中值级配	100	94.4	43.9	26.6	20.5	17.4	14.9	14.2	10.6
	粗级配	100	93.2	32.3	21.6	17.3	14.9	13.0	12.4	9.6
	细级配	100	95.8	57.4	31.0	23.1	19.5	16.5	15.7	11.6

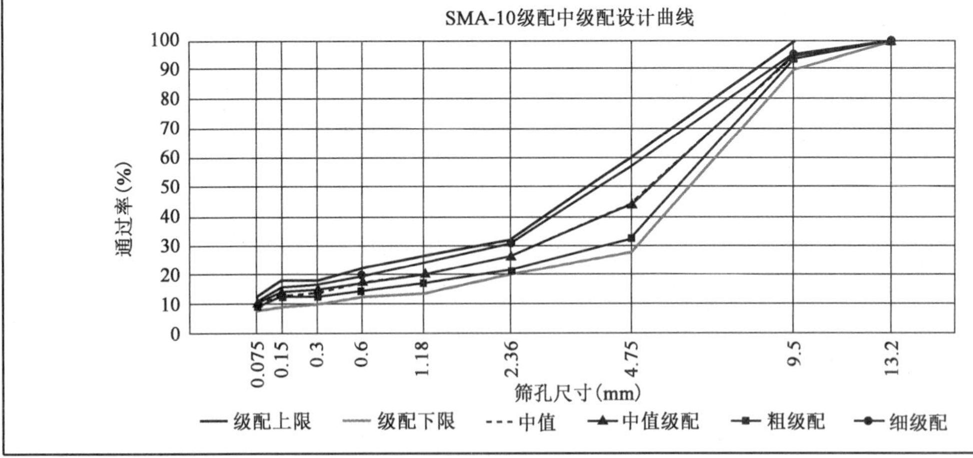

2.1.2　级配的确定

对于 SMA-10 沥青混合料应根据经验对三组级配均采用 6.3% 的沥青用量、0.35% 的纤维用量，75 次/双面击实进行马歇尔试验。从三组级配的试验结果分析，均符合 $VCA_{min} < VCA_{DRC}$ 及 VMA >17% 的要求，但粗级配空隙率不符合要求不予考虑，细级配与中值级配相比中值级配具有较大VMA,所以选用中值级配作为设计级配,三组级配马歇尔试验数据、骨架间隙率数据如表8、表9所示。

马歇尔试验结果 表8

级配	最大相对理论密度	沥青用量(%)	毛体积相对密度	空隙率(%)	间隙率(%)	饱和度(%)	稳定度(kN)	流值(mm)
中值级配	2.620		2.534	3.4	18.1	81.3	9.98	3.8
粗级配	2.626	6.3	2.516	4.3	18.8	77.4	10.63	3.2
细级配	2.621		2.543	3.0	17.6	83.0	9.42	4.5
要求				3~4	≥17	75-85	≥5.5	2-5

骨架间隙率结果 表9

级　配	VCA_{DRC}	VCA_{min}
中值级配	47.6	35.2
粗级配	47.4	32.2
细级配	47.2	37.6

2.2 沥青用量的确定

初试沥青用量6.3%恰好符合混合料的体积要求,所以确定沥青用量为6.3%为混合料最佳沥青用量。马歇尔复核结果骨架间隙率复核结果如表10、表11所示。

马歇尔复核结果 表10

级配	最大相对理论密度	沥青用量(%)	毛体积相对密度	空隙率(%)	间隙率(%)	饱和度(%)	稳定度(kN)	流值(mm)
中值级配	2.623	6.3	2.530	3.6	18.2	80.5	9.28	3.9
要求				3~4	≥17	75~85	≥5.5	2~5

骨架间隙率复核结果 表11

级　配	VCA_{DRC}	VCA_{min}
中值级配	47.3	37.9

2.3 混合料性能验证结果

混合料性能验证包括谢伦堡析漏、肯特堡飞散、动稳定度、残留稳定度、低温弯曲、渗水系数,具体检测结果如表12所示。

混合料性能验证结果 表12

指标	谢伦堡析漏(%)	肯特堡飞散(%)	动稳定度(次/mm)	残留稳定度(%)	低温弯曲 $\mu\varepsilon$	渗水系数(mL/min)
检测结果	0.05	8.8	>6000	92.3	3453	22
指标要求	≤0.2	≤15	≥3000	≥80	≥2500	≤80

3 生产配合比

生产配合比级配相当于验证目标配合比,要求生产级配须接近目标级配。本文要求两者各筛孔通过率相差应不大于2%,确保级配的一致性。

3.1 生产级配(表13)

生产级配结果 表13

SMA-10 沥青混合料级配组成										
筛孔尺寸(mm)		13.2	9.5	4.75	2.36	1.18	0.6	0.3	0.15	0.075
热仓料筛分通过率(%)	5~10mm	100	88.5	0.5	0.0	0.0	0.0	0.0	0.0	0.0
	3~5mm	100	100	95.6	6.5	2.1	1.2	0.1	0.1	0.0
	0~3mm	100	100	100	83.4	58.9	38.7	21.2	15.6	0.1
	矿粉	100	100	100	100	100	100	100	99.0	95.6
	生产级配	100	93.8	45.5	26.3	21.4	17.8	14.6	13.6	10.5

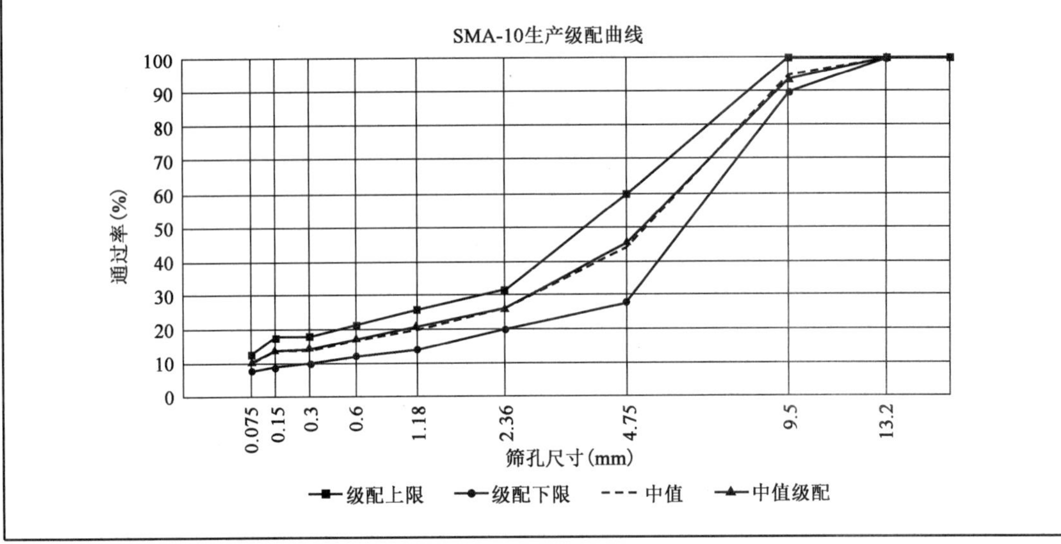

3.2 热仓料密度(表14)

密度结果 表14

粒级	5~10mm	3~5mm	0~3mm
毛体积相对密度	2.933	2.925	2.834
表观相对密度	2.968	2.963	2.955
吸水率	0.40%	0.44%	1.44%

3.3 混合料检测结果

根据目标级配确定的沥青用量6.3%进行马歇尔试验,试验结果如表15所示。

马歇尔结果 表15

级配	最大相对理论密度	沥青用量(%)	毛体积相对密度	空隙率(%)	间隙率(%)	饱和度(%)	稳定度(kN)	流值(mm)
中值级配	2.621	6.3	2.522	3.7	18.3	79.9	9.77	3.7
要求				3~4	≥17	75~85	≥5.5	2~5

3.4 混合料性能验证结果

混合料性能验证包括谢伦堡析漏、肯特堡飞散、动稳定度、残留稳定度、低温弯曲、渗水系数,具体检测结果如表16所示。

混合料性能验证结果 表 16

指标	谢伦堡析漏(%)	肯特堡飞散(%)	动稳定度(次/mm)	残留稳定度(%)	低温弯曲(με)	渗水系数(ml/min)
检测结果	0.03	8.6	>6000	90.5	3776	15
指标要求	≤0.2	≤15	≥3000	≥80	≥2500	≤80

4 施工工艺控制

4.1 混合料的拌制

SMA 混合料的性能好坏直接和拌和站拌和性能挂钩。SMA 类型混合料由于粗集料多、矿粉多的特点,经常会出现等溢料现象、混合料与纤维拌和不均匀现象。因此应设置冷料的进料速率确保供料均匀,应增加混合料的拌和时间确保混合料的均匀性。本文采用间歇式拌和设备,每盘混合料生产周期不少于 65s(其中干拌时间不少于 20s)。

4.2 混合料的温度控制(表 17)

SMA-10 沥青混合料施工温度范围 表 17

工序	温度范围	工序	温度范围
沥青加热温度(℃)	165~170	摊铺温度(℃)	170
集料加热温度(℃)	190~220	初压温度(℃)	160
混合料出场温度(℃)	175~185	终压温度(℃)	不低于 90
废弃温度(℃)	高于 195	开放交通路表温度(℃)	不高于 50

4.3 混合料的运输

运输车辆使用前后必须清扫干净并涂刷隔离剂;运输车辆装料时应分(前后)五次均匀装料防止装料离析;运输车辆应采用加厚苫布覆盖保证到场温度;运输车辆进入摊铺现场轮胎上禁止沾有泥土等污物;运输车辆不得紧急制动,随意转弯掉头以免造成封层、透层的损伤;本文采用转运车二次拌和,运输车辆应将混合料缓缓倒入转运车不得撞击转运车,这样确保摊铺混合料的均匀性。

4.4 混合料的摊铺

本文采用一台大功率全宽摊铺设备,全幅摊铺可有效避免纵向接缝使混合料拥有良好的整体性。混合料摊铺前应提前 1h 对熨平板进行预热,预热温度不低于 100℃;摊铺机摊铺时应缓慢、匀速、连续不间断摊铺,不得随意变换摊铺速度,SMA 混合料应采用低速摊铺(本文摊铺速度 1.5~2m/min);摊铺机夯锤的振动频率以及熨平板振动频率应较一般沥青混合料适当提高(但不能使摊铺机产生共振而影响平整度);摊铺机找平方式应采用非接触式平衡梁。

4.5 混合料的碾压

SMA-10 沥青混合料的碾压采用 1 台 22 吨胶轮压路机、6 台 11 吨双钢轮振动压路机。初压应紧跟摊铺机静压 2 遍(1/2 轮重叠碾压),复压应紧跟初压弱振碾压 1 遍、强震碾压 2 遍(1/2 轮重叠碾压),在终压之前胶轮碾压 1 遍(1/3 轮重叠碾压),对混合料表面进行微揉搓增强混合料密水性,终压采取静压 2 遍消除轮迹。

5 结语

沥青路面质量控制是环环相扣,原材料、配合比、施工工艺每一环都至关重要缺一不可。原材料决定质量的下限,配合比是指导生产的理论依据,施工工艺决定质量的上限。

浅析分包安全管理

薛军波

[海南省琼中至乐东高速公路(琼中至五指山段)代建指挥部]

摘　要:近年来,随着国民经济不断发展,建筑业规模不断扩大。因分包安全管理不到位,导致安全事故频发,如何做好分包安全管理成为我们亟待解决的问题。

关键词:分包安全管理;安全责任;安全教育;安全投入;信息化

近年来,随着国民经济的不断发展,我国的基础设施建设规模逐年扩大,建筑施工外部环境也更为复杂,不可控因素增多,加之分包单位普遍存在不落实安全生产责任,缺乏对劳务人员的安全教育培训和安全技术交底,以及安全生产投入不足,导致安全事故频发。据不完全统计,2017 年 1 ~ 10 月,全国发生各类安全生产事故 4 万起,死亡 2.9 万人,其中重特大事故 21 起、死亡 293 人。可见,安全生产形势依然严峻,如何做好分包安全管理成为我们亟待解决的问题。

1　分包安全管理现状分析

1.1　分包安全管理的重要性

根据《建设工程安全生产管理条例》相关规定:"总承包单位依法将建设工程分包给其他单位的,分包合同中应当明确各自的安全生产方面的权利、义务,总承包单位和分包单位对分包工程的安全生产承担连带责任。"因此总承包单位要减少安全事故的发生、规避安全风险,必须加强对分包单位的安全管理。要把分包单位的资质条件审查、安全管理机构的设置、安全管理人员的配备、安全管理制度的建立、安全设施的投入、安全生产费的使用以及安全标准化管理的实施作为工作重点。

1.2　分包安全管理的难点分析

(1)国家建设规模不断扩大,企业承揽的工程项目越来越多,相应的安全管理队伍建设没有跟上,企业的安全管理制度、措施往往难以在项目中得到充分落实。

(2)总承包单位与各分包或专业承包单位管理不协调,分包单位制度和责任制不健全,安全管理不能真正齐抓共管。

(3)分包单位的施工管理人员和劳务工人多为临时招用人员,文化水平普遍偏低,安全意识差,安全教育往往流于形式,起不到提高人员素质的作用,"三违"现象屡禁不止,给安全管理带来很大困难。

(4)分包安全责任不落实,管理脱节现象严重,现场安全管理秩序混乱。

(5)分包单位安全投入不足。如何保证1.5%的安全生产费用足额的使用,而不是把安全投入节省下来作为利润。

(6)总包单位对分包单位资格审查不严,导致将不具备资质、技术水平差、安全管理落后的单位吸纳进来。

怎样从根源上解决这些问题,让现场的安全管理达到标准化水平,安全零事故,除了政府层面的监督以外,施工企业要从制度、方案、设备、信息化、标准化等方面加强管理,认真执行和落实法律、法规及各种安全管理制度、措施,尽最大可能地确保安全施工。

2 加强分包安全管理的相应措施

2.1 择优选取综合素质高的分包单位

优质的、综合素质高的分包单位,往往安全管理水平也处在领先水平。从分包单位的准入开始,就严格把控,会使得今后的安全管理工作开展得更为顺利。

在选取分包单位之前,可以建立合格的分包单位名录,积累分包单位资源,从诸多优质的分包单位中选取最佳者。一是合格的分包单位必须满足最基本的准入条件,要证照齐全并在有效期内。二是要对分包单位以往的和正在施的工程数量、技术水平、安全与质量保障管理能力等进行严格的审查,作为在选取分包单位时的重点考查指标。三是针对关键的分包单位,要对队伍进行实地考察,譬如对安全绩效、安全管理水平、现场安全情况、管理人员安全管理意识及能力等进行审查。四是针对工程量较大的分包单位,要杜绝层层转包现象的发生。五是建立安全信用评价机制。对于近年来发生过特重大安全生产事故的,或存在履约诚信方面的瑕疵的,发现安全生产费用挪作他用的,可作为重要依据来决定相应的分包单位是否具有准入资质。

2.2 加强分包单位的合同管理

与分包单位进行签约前,要进行合同的评审,尤其是针对安全方面的内容,要通过明确总包单位、分包单位在协调管理、对口管理、制度建立、人员配置、体系建设、安全责任、安全投入等方面提出具体要求,明确总包单位在安全奖惩方面的权利。也可建立履约保函,明确安全担保费用,如若分包单位日后未能达到合同条款所规定的安全要求,则银行将向业主方支付一定的款项金额。同时,安全合同条款的起草应以法律为依据,权责相应,保障合同的有效性及分包单位安全责任履行的可操作性。

2.3 明确安全责任,落实安全责任制分级制度

2.3.1 明确总包单位与分包单位的安全责任

在施工生产过程中,由于总包单位安全管理体制落后,对自身的安全职责认识不到位,安全责任落实不到位,未将分包单位的安全管理状况纳入自身的管理职责范围之内,“以包代管”的问题就较为突出。不管不问的管理弊病,导致事故发生后,二者往往推卸责任,扯皮现象时有发生。为了避免总包单位与分包单位的安全责任模糊不清而导致管理上的混乱,有必要进一步明确二者的责任。工程分包后,总包单位应加强安全管理,分包单位的任何违法违约行为而导致安全事故发生的,总包人负有连带责任。为规避安全责任,总包单位往往与分包单位签订分包合同,并规定分包人发生安全事故的,其责任完全由分包人承担。这样的签约合同是不具备法律效力的,事故发生后,依然要追究承包人的法律责任。

想要整个工程项目的安全管理顺利进行,必须将分包单位的安全管理纳入自身的安全

管理范畴之内。在落实安全责任的过程中总包人首先要发挥自身在全局过程中的领导作用,要给予安全高度的重视,建立健全相应的安全责任制度、安全标准等。而作为分包单位,其最基本的责任是施工行为符合国家、当地等的相关法律法规、相关行业标准和条例以及总包单位的要求。分包单位应该全权负责对其自身员工的监督和检查,确保他们的施工作业行为严格遵守相关规程的要求等。总包单位与分包单位只要将各自的责任认识到位、落实到位,才能十分协调和事半功倍地将安全管理水平不断提高。

2.3.2 建立并层层落实安全责任分级制度

总包单位和分包单位应建立明确各级领导、职能部门、管理人员、岗位操作人员在工作中的安全职责的安全生产责任制。建立分级安全责任制,可以明确所有人员在安全生产作业过程中的安全责任、相应的职责范围以及权利和义务等。因而建立分级安全责任制,是一项最基本也是最为关键的一步。

通过建立安全生产责任制,将安全责任进行逐级分解,将所有的责任制度内容细化到每一个操作流程,在每个人的责任及管理范围内,确定各自的安全目标,并层层签订安全责任书及对各自的安全目标的达标情况进行定期的考核。各自的职责明确,分工协作,相互配合,避免了工作过程中权责不明、互相推诿、无人负责的现象。建立"横向到底,纵向到边"的安全责任体系,形成全员负责、全员参与、全员管理的良性循环。更为重要的是,一旦发生事故,在进行事故调查时,可以将责任划分得清清楚楚,也有利于不同层级的人对照各自的责任吸取相应的教训,促进安全生产管理水平的提高。

2.4 打造优质的安全管理团队

2.4.1 严把人才引进关,足额配备安全员

过去很长一段时间,安全生产管理人员一直得不到企业的重视,因而也在人才引进及管理上存在诸多弊病。企业的安全生产管理团队,是企业内部进行安全相关任务的主要督促者和指导者,是负责日常的施工安全检查和安全评价考核的核心。企业的安全管理是否能够保持可持续性的良好状态,安全生产管理人员在其中发挥着重要作用。因而对于所有的企业来说,要想在安全管理上保持优势,就必须在人才引进时,严把关口。一是从社会招聘途径,择优选取施工技能丰富且具有安全管理经验的人员作为安全生产管理人员,切忌临时顶替,"滥竽充数"。由于安全管理工作涉及的专业知识比较广泛,安全生产管理人员对现场的施工工艺必须非常熟悉,了解企业各个方面的讯息。二是在进行校园招聘时,适量储备安全工程专业的毕业生。近年来,安全专业的毕业生逐渐增多,企业需要不断将这些专业人才纳入各自的安全生产队伍中,为企业不断增加新的安全理念和新鲜血液。

此外,随着企业工程量的不断增大和推进,企业的安全员的数量往往无法与企业的工程进度相匹配。使得安全生产管理人员的任务十分繁重,这也使得安全生产管理人员无法顾及施工生产的方方面面。但是对于某些关键的或重要的施工生产现场,企业在管理上必须做到有人施工的地方,就必须有安全员进行检查监督。

2.4.2 提高薪资福利待遇,留住人才

就目前的施工现状来看,建筑施工企业的薪酬福利待遇与安全生产管理人员的职责、岗位、贡献等往往无法做到最合理的匹配。安全管理任务繁重、安全责任重大、安全压力大、工作环境差等诸多因素,往往造成企业留不住人才,更是留不住新毕业的员工,"铁打的转盘,流水的安全员"的现象十分普遍。所以想要留住人才,提高相应的薪酬福利待遇最为关键。譬如建立岗位津贴制度,根据不同员工的业绩、工龄以及所作出的贡献等给予具有差别性的

岗位津贴。对于施工现场条件差、安全任务负担较大的,应当给予相应的安全员特殊补贴。

2.4.3 考核激励机制与多渠道晋升机制并行

为了全面了解、评估安全员的工作业绩,发现优秀人才,提高工作效率等,可建立相应的考核激励机制。考核结果作为员工职位升降的主要依据,当然也可以和安全员的个人工资及奖金挂钩,也可以作为奖励与惩罚的重要依据。通过考核激励机制的建立及执行,充分调动安全生产管理人员的工作积极性,不断引进安全新理念,从而达到不断提升项目安全管理水平的目标。对于考核不合格的人员,应采取相应的处罚措施,如扣除奖金等。

同时,企业内部要根据自身实际和安全生产工作现状,建立和完善安全生产管理人员晋升多渠道机制。一是要畅通安全生产管理人员的职级晋升渠道,为有能力、有干劲的安全管理人员创造和提供机会,并为其有针对性的提供职业发展路径。二是针对安全管理人员晋升通道单一的问题,建立"横向发展"通道,在不同岗位、不同部门、不同分子公司之间,建立起轮岗和晋升的通道,提供多元化的人才成长通道,打破单向晋升通道的设计,促进员工的横向流动。

2.4.4 加强安全管理人员的教育培训

对安全生产管理人员进行培训,不断地提升安全管理人员的素质,不仅仅是企业给予员工福利的最好体现,更为重要的是对公司未来的发展储备优秀人才,做好全面铺垫。企业给员工提供优质的教育培训,员工提升了个人能力,员工给企业提供优质的管理,进而提升企业的安全管理水平,保障企业的生产。在对安全员进行专业培训的同时,还要引导员工进行自我培训。在上级领导的引导下,给予安全生产管理人员相应的指导,从而认识到自身的不足与缺陷后,转而使得安全管理人员主动学习相应的知识。更为重要的是,企业领导要强化对安全生产管理人员的人文关怀,帮助其进行职业规划,帮助员工解决工作中的难题,使得安全生产管理人员在工作中有归属感。

2.5 执行三级安全教育,落实安全技术交底

总包和分包单位应分别制定各自的安全教育培训制度。新进场员工应接受三级安全教育,总包单位应当讲授安全生产法律、法规、标准,安全管理制度等,分包单位应当讲授施工工艺及机械设备相关安全知识、危险源及事故应急救援知识等,经考核合格后方可上岗。三类人员及特种作业人员应持证上岗,并参加有关部门组织的继续教育培训。

总包和分包单位应分别制定各自的安全技术交底制度。分包项目开工前,由总包单位项目技术负责人向分包单位技术人员进行安全技术交底;分部分项工程开工前,由分包单位技术人员对施工方负责人或工班长交底;施工方负责人或工班长对全体工人进行交底,分包单位安全员应全过程监督。交底内容应包括施工作业内容、施工组织、安全操作规程、现场安全注意事项及应急措施等。每日开工前,工班长应进行班前讲话,应将可能发生的危险及安全注意事项告知工人。安全技术交底应采用书面交底方式,交底人和接受交底人应在交底记录上签字,留下影像资料备查。

三级安全教育和三级安全技术交底制度必须严格执行,特别是要重视最后一级的安全教育和安全技术交底的质量,应采用图文并茂的形式、通俗易懂的语言,让作业工人真正理解相关内容。

2.6 保证安全费用投入,完善工程安全设施

总包单位应根据《企业安全生产费用提取和使用管理办法》,结合工程实际,制定安全生产费用管理实施细则。实施细则内容应包括:使用范围、审批支付程序以及监督管理等。分

包单位应制定安全生产费用管理制度。制度内容应包括:安全生产费用使用计划、使用范围、费用报批、资金管理等。分包单位应结合施工组织设计,在项目开工前编制安全生产费用使用总体计划,报总包单位审批,根据总体计划每月25日前向总包单位上报本月安全生产使用情况和下月安全生产费用使用计划。分包单位应严格按照使用范围使用,按实计量支付,严禁挪用。所有支出凭证都必须经专职安全员签字确认、分包单位项目负责人审核、现场监理签字认可,随当月工程计量一并上报总包单位审批。上报资料附件包括:当月安全生产费用使用情况记录表、有关明细账单并附发票、照片等。总包单位应对安全生产费用使用情况严格审查,对记录表所列内容的真实性、是否符合要求逐一核实,避免弄虚作假,确保安全生产费真正投入使用。

2.7 信息化手段管理

随着建筑工程项目日趋专业化、系统化、复杂化,大型工程项目通常需要各类专业分包单位的共同参与,分包单位扮演的角色也愈加重要。但就目前来看,分包单位的安全管理水平参差不齐,分包过程中出现的诸多安全问题已成为导致工程项目事故多发的重要原因。随着国内网络科学技术的快速发展和普及,信息化水平不断提高,将信息化手段引入分包安全管理已是大势所趋。

2.7.1 建立信息化管理平台,做好闭环管理

在安全管理中加入集合信息化的手段,用来提高管理效率,进行闭环管理。避免总包和分包之间发生“扯皮”现象。我们可以在信息化管理平台中对总包单位和分包单位进行安全职责区分,纵向到底,横向到边,细化到每一个人。安全管理小组应充分利用信息化管理平台,对每个人分派的任务翔实记录,对周期性检查的问题挂在平台,从问题的发现到解决,全过程体现。做到实时可查、快捷追踪,完善闭合管理工作。

2.7.2 建立标准化数据库,实现资源共享

由于分包单位为了利润需求往往压缩安全管理队伍,兼职现象也很普遍,安全人员素质普遍偏低。为了提高分包单位的安全管理水平,建立内容全面的安全标准化数据库十分必要。包含有安全法律法规、技术规范、专家意见等资料的数据库,系统而全面,既是安全检查的标准,又是隐患整改的依据。对数据资料广泛收集、常年累计,做到安全数据库的实时更新,实现安全信息资源的快速流通及共享共用。每个安全管理人员及其他人员即使遇到新的安全问题或者是接触不是很熟悉的安全业务,都可以充分利用标准化数据库而做到“活学活用”,效果也“立竿见影”。

2.7.3 实现远程监控,做到全程预警

由于分包单位的安全管理人员素质偏低,管理人员数量较少,一旦施工现场变得复杂,管理任务变得艰巨,安全管理员对现场进行监督检查时,往往会“力不从心”。通过信息化建设,对重大危险场所或重大危险源进行远程监控,借助紧密的仪器设备,利用计算机终端或手机终端,充分发挥互联网的功用,做到全程监控,及时预警。一旦发现安全隐患,在第一时间上报,采取相应措施,以免导致事故发生,造成严重损失。

2.7.4 注重信息的收集,做好数据分析

利用信息化管理手段,开通信息收集渠道,给予员工更多献言献策、反馈意见的途径,架起总包与分包单位之间良好沟通的桥梁。工作人员可以利用互联网进行发言,对工作进行反馈,一方面是可以全面了解工作人员的想法,协调彼此的工作。再一个是可以收集在安全管理过程中实时存在的问题,譬如中咨集团在微信平台研发的“隐患直报”系统,员工对发现

的隐患实时上报,处理流程动态可查,智能化、高效化的工作得到了广泛认可。事后还可以对收集到的隐患进行“大数据”分析,做到对以往的隐患概况了然于心,隐患管控工作做起来也更加轻车熟路。

3 结语

安全管理责任重于泰山！安全就是生命,安全就是效益,没有安全一切归零。因分包管理不到位而发生安全事故往往给整个项目造成重大打击,因此必须不断提高分包安全管理水平,落实企业的主体责任及社会责任,进而提高整个项目的安全管理水平。作为安全管理人员,在提高安全认识的同时,更要警钟长鸣,严格履行自己的职责,为企业、项目的安全管理负责,更为广大农民工兄弟的生命负责。

浅析新版路面基层施工技术细则与原规范的主要变化及施行后对实体工程质量控制带来的益处

黄磊　王国顺

[海南省琼中至乐东高速公路(琼中至五指山段)代建指挥部]

摘　要:通过比较原规范和新版细则的不同,在原材料、配合比设计、拌和设备、施工工艺和质量要求等方面,简单探讨和分析一下新细则施行后对工程实体质量方面带来的益处

关键词:基层;变化;质量;控制

《公路路面基层施工技术细则》(JTG/T F20—2015)自2015年8月1日起至今已施行了2年,采用了一些成熟的新技术、新材料、新工艺,提出了许多新的标准和要求,有效提高了路面基层的施工质量和耐久性。

1　新细则中对原材料技术要求的变化

1.1　水泥

在旧版基层施工规范中,普通硅酸盐、复合硅酸盐水泥均可以用于水泥稳定基层施工。仅规定了初凝时间3小时以上、终凝时间大于6小时的要求,而新细则推荐选用普通硅酸盐水泥且提出大于6小时且小于10小时的要求。对水泥种类、性能要求的提高有利于提升整个水稳混合料基层的质量品质及现场施工控制水平。

1.2　粗集料

旧规范规定用于高速公路基层、底基层压碎值不得大于30%。新细则将高速公路和一级公路细化为极重、特重交通和重、中、轻交通两种标准。对压碎值的技术指标要求更加严格,且软石含量、针片状颗粒含量、粉尘含量这些指标之前也无具体要求。

由于提高了粗集料的强度要求及对有害物质含量的限制,使水泥稳定碎石基层强度升高,也有利于水泥稳定碎石基层现场施工时的质量控制,粗集料技术要求如表1所示。

粗集料技术要求 表1

指　　标	层位	高速公路和一级公路			
		极重、特重交通		重、中、轻交通	
		Ⅰ类	Ⅱ类	Ⅰ类	Ⅱ类
压碎值(%)	基层	≤22	≤22	≤26	≤26
	底基层	≤30	≤26	≤30	≤26
针片状颗粒含量(%)	基层	≤18	≤18	≤22	≤18
	底基层	—	≤20	—	≤20
0.075mm以下粉尘含量(%)	基层	≤1.2	≤1.2	≤2	≤2
	底基层	—	—	—	—
软石含量(%)	基层	≤3	≤3	≤5	≤5
	底基层	—	—	—	—

2　新细则中配合比设计要求的变化

2.1　设计要求和步骤

原规范关于配合比的设计要求非常简单,只是提出原材料、最小水泥剂量、试件数量和7天无侧限抗压强度方面的要求。而新细则明确提出必须经过目标配合比设计、生产配合比和施工参数确定三个步骤和阶段。并且进行目标配合比设计时还需要进行CBR强度试验和模量试验,最终选择CBR强度最高的级配作为使用的目标级配。

采用幂函数构造粗、细集料级配曲线。使用幂函数构造的好处是级配居中,可以获得较为优良的级配。目标配合比设计时进行CBR强度和模量试验可以确定材料的实际强度水平,保证施工时使用混合料的实际强度最优。

2.2　无机结合料稳定材料最大干密度指标的确定方法

原规范规定采用重型击实试验方法的最大干密度作为标准干密度。而新细则规定确定最大干密度指标时宜采用重型击实法,但也可采用振动压实法。

据了解,全国范围内江苏、广东两省的高速公路较多项目采用过振动压实法确定最大干密度。2014年5月笔者所在的广东平兴高速公路项目进入水稳路面施工准备阶段,设计图纸为采用振动压实法确定最大干密度。各工地试验室均按要求配备了振动压实机,但是通过试验后发现混合料最大干密度仅为2.03~2.08g/cm^{3}之间,在总监办中心试验室的强烈建议下又改用重型击实法进行检测。同种混合料通过中心试验室和几个项目部试验室间的验证,最终所得到的最大干密度为2.21~2.23g/cm^{3}之间。本着有利于施工现场质量控制的原则,总监办和业主管理单位一致要求改由重型击实法来确定最大干密度。

JTG E51—2009无机结合料稳定材料试验规程T0842-2009章节中关于振动压实试验方法的条文说明:一般来说,振动压实试验确定的最大干密度大于击实试验确定的最大干密度。由于还未建立起振动压实试验测试的干密度与击实试验和工程现场振动压实效果的相关关系,因此该试验方法主要用于室内研究。

由此可知,振动压实法还有诸多不完善之处。通过不同项目工地现场的实际验证发现,不同粒径、级配都对结果都有较大影响。笔者认为应采用重型击实为主,只有当出现振动压实法获得的最大干密度大于重型击实时才考虑采用,这样也有利于施工现场质量控制。重型击实法是国内这几十年来普遍采用的方法，许多的科研成果及经验数据都是在此基础上总结而来的，如果现在改为振动成型法也不利于此类成果的延续和传承。正因为如此，新细则才规定宜采用重型击实法确定最大干密度。

3 新细则中拌和设备及现场质量控制方面的变化

3.1 拌和生产设备方面的要求

原规范仅规定拌和设备应与摊铺机的生产能力应相互匹配，产量宜大于400t/h。而新细则提出了更高、更细、更严格的要求。

(1)规定拌和设备的产量宜大于500t/h：

提高拌和站产量要求可以有效解决现场摊铺机停机等料现象。

(2)规定各个料仓之间挡板高度应不小于1m：

此项新规定可以有效避免各档材料发生串料、混料现象。

(3)规定高速公路基层施工时，每个料斗与料仓下部均应安装达到±0.5%称量精度的电子秤：

此项规定提高了拌和楼称量系统的整体精度，可以有效监控各档材料的用量，避免用量出现较大偏差。

3.2 施工现场的压实度检测

新细则提出应以每天现场所取水稳混合料的压实结果确定的最大干密度来作为压实度检测标准，而且还规定了平行试验允许的偏差区间及和配合比设计确定结果之间的偏差。

此项新增加的规定和沥青路面的每日室内马歇尔试验确定压实度标准较为相似，这项规定的好处在于当集料类型、级配发生细微偏差变化后能够通过每日击实试验结果反映出来，有利于施工现场质量控制，保证了最大干密度的有效性和适用性，也保证了现场摊铺路段压实质量符合规范要求。

3.3 明确规定了混合料出场后允许使用的时间范围

原规程仅规定集中厂拌法施工时，延长时间不得超过2h这个范围。而新细则规定水泥稳定材料装车到运输至施工现场，时间宜不超过1h，一旦超过2h时混合料必须废弃。

此项要求详细划定了混合料出场到运至摊铺现场允许使用的时间范围，对现场施工质量控制具有非常实际的意义。混合料从加水拌和到压实成型的延迟时间对干密度和强度有明显影响，有资料表明，随着延迟时间的推移，水泥稳定碎石强度损失也愈来愈大，而延迟2h后强度降低就会达到10%～20%之间。现场施工时延迟时间较长后也不可能达到较大的干密度，路面压实度自然也无法得到保障。因此规定了超过2h应予作废处理，这样才有效保证了现场施工质量和压实效果。

3.4 养生期的延长

原规程仅规定高速公路基层养生期不宜少于7d，而新细则要求养生期宜延长至上层结构开始施工的前2d。

此项规定对减少基层施工后的病害具有明显效果，笔者2016年8月通过对广东省内某条高速路面标施工的上、下基层段落的表面裂缝全面排查发现，位于路基T3标的K175+520～K176+210下基层、K177+920～K178+390上基层、K178+930～K179+300上基层这三段基层，均未发现表面裂缝。而较早开放交通的路基T4标起点处的基层段落则裂缝数量较多，K181+680～K182+545下基层、K183+688～K184+111上基层这两段裂缝数量较多，仅 K183 + 688 ~ K184 + 111 段全幅上基层就有多达 16 处裂缝（横向浅裂缝，未继续发展）。这段路基所处地理位置不同于 T3 标境内铺筑段落，这些位置都是 T4 标范围内进行水稳基层施工的必经之路，每日有大量超重负荷的运料车从表面通过，日积月累在表面造成了较多的裂缝。

由于施工的这几段基层所使用的原材料、配合比、水泥剂量甚至拌和楼设备、操作机手都相同，从而证明了过早开放交通和通行车辆荷载过大才是出现较多裂缝的主要原因。所以新细则规定，养生期延长至上层结构开始施工的前两天对减少路面病害会有非常好的效果。但正如刚才所举的实例，如何保护施工必经路段的已完成基层不会被损坏尤为关键。长时间封闭交通不可能也不现实，所以笔者认为在尽量延长养生期的同时要严格进行交通管控，要制订诸如限制料车的运输荷载、控制行驶速度、增加限速标志牌、严禁急刹车和转急弯等措施来减少对已施工基层造成的损害。

3.5 规定了现场实体部分检测项目的时限及提出新要求

（1）规定了取芯、弯沉检测的时限

新细则规定对于水泥稳定中、粗集料应在 7d 内取芯，应在 7 ~ 10d 内检测弯沉。原规程规定应在 7 ~ 10d 时取出完整的芯样，对于弯沉检测并未规定于 10d。笔者认为不分地域统一要求 7d 内取芯过于严格，因为我国幅员辽阔，南北气候差异较大。同样的龄期要求对于南方省份，例如两广和海南当然容易达到。而对于气候不利的北方严寒地区的不利季节则相对困难。

（2）增加了对路面实体所取芯样进行强度检测的要求

原规程仅规定 7 ~ 10d 时能取出完整的芯样，而新细则则要求 7d 内取芯。还要对设计强度大于 3MPa 的水泥稳定材料的完整芯样进行切割，然后室内再检测其无侧限抗压强度。

此项新增规定从对最终强度检测指标的要求而对基层施工实体质量提出了较高的要求，所施工的段落不仅 7d 内要能取出完整的芯样，而且芯样强度也必须符合设计要求。这就要求从原材料、拌和设备、现场施工工艺、压实效果及后期的养生质量等各个方面和环节都要保证优良才可以做到。

4 结语

综上所述，新细则在原材料、配合比设计、拌和设备、现场检测、质量控制等方面均提出了更精、更细、更高、更严格的标准和要求。这对提高路面基层实体质量具有非常好的效果和切实的意义，但同时也面临了一些新的困难和挑战。所以我们在日常路面基层施工中的各个环节都必须严格遵守和执行细则中的各项具体要求，然后再结合本项目的设计参数和要求，力争把琼乐高速的路面基层施工质量提升到更高层次。

波形梁钢护栏工程施工安全管理

郭耀文　薛军波

[海南省琼中至乐东高速公路(琼中至五指山段)C1合同段,代建指挥部]

摘　要:在公路工程项目交通安全设施工程中,由于波形梁钢护栏工程施工工艺成熟,方法简单、机械性的重复操作,容易出现施工管理松懈的情况,加之施工过程中易与其他专业工程发生交叉施工,极易发生施工安全事故。本文就如何做好波形梁钢护栏工程施工过程中的安全管理进行分析探讨。

关键词:波形梁钢护栏;施工;危险源;安全管理

波形梁护栏是一种波纹状钢护栏板相互拼接并由立柱支撑而组成的连续结构,它利用土基、立柱、波形梁的变形来吸收碰撞能量,并迫使失控车辆改变方向。波形梁钢护栏工程施工工艺成熟、方法简单,一般在公路工程项目的收尾阶段开始进行施工,施工时易与桥梁伸缩缝工程、机电工程、绿化工程、路面工程、附属工程发生交叉施工,施工环境复杂,极易发生施工安全事故。因此应重视施工安全管理,全面分析、辨识危险源,并采取切实可行的防控措施,提前消除安全隐患;建立切实可行的安全管理体系,制定施工安全管理措施,落实到位,确保施工安全。

1　波形梁钢护栏工程施工安全管理重难点分析

(1)在同一区域内存在多个班组交叉施工,施工人员数量多,管理难度大;

(2)参与施工人员的安全意识普遍比较薄弱;

(3)施工路段的行驶车辆混杂,车速快,社会人员和车辆易进入施工现场,交通管控难度大;

(4)施工工艺成熟,方法简单,机械性的重复操作,容易麻痹大意。

2　建立健全施工安全管理体系

(1)项目部成立施工安全生产领导小组,依据"安全第一,预防为主,综合治理"的方针,确定施工安全管理目标,制定管理制度,划分管理范围,明确责任,落实到人;

(2)施工安全管理组织机构、制度、措施等要明确并上墙;

(3)安全生产管理人员配备到位,责任心要强。

3 制定安全管理措施

3.1 施工准备阶段安全管理措施

(1)组织进场施工人员安全教育培训。宣讲安全生产法律、法规知识和施工安全管理要求和注意事项,培养施工人员安全意识和警觉性;对施工队进行施工安全技术交底,双方签字确认;与施工人员签订安全生产责任状,双方签字确认。

(2)购置安全防护用品。项目部统一购置安全防护用品:安全帽、橘黄色安全反光服、反光背心、防护手套、反光施工锥、警示标牌、路线引导标牌(左右行驶指向箭头施工牌)、限速标牌、“前方施工减速慢行”施工牌、“施工车辆注意让行”警示牌、车辆警示闪烁灯;“施工场地闲人勿入”警示标牌、“安全用电操作规程”标识牌、材料堆放标识牌、安全生产宣传悬挂横幅,爆闪灯、材料堆放垫底枕木等安全防护用品,及时发放到施工作业班组,并派专人指导监督个人劳动防护用品的穿戴和标示标牌的摆放。

(3)建立机械设备、车辆及相应人员台账。对打桩机、开挖工具、夯实工具、载重汽车、吊车等施工机械设备进行全面检查,查看机械设备是否进行维修保养;查看车辆的行驶证和保险是否办理及有效性;查看机械设备操作人员的证件是否持有及有效性;查看所有驾驶人员是否持照驾驶及证件的有效性。将所有证件复印件留存建档。

(4)项目部购买工程一切险。督促施工队伍为施工人员购买人身意外伤害保险。

3.2 施工过程阶段安全管理措施

(1)组织召开工地安全例会,剖析安全巡查中发现的施工安全方面存在的问题,提出纠正措施,把责任落实到具体的人员,并采取现场检查、查看改正效果。

(2)项目部每月进行施工安全危险源辨识,制定防控措施。波形梁钢护栏工程属于半成品安装,施工工艺简单。对施工路段进行一系列施工作业过程的人员、场所、设施以及运行、作业机械设备产生的危险源进行辨识,采用询问交谈、现场调查和工作任务分析三个基本方法综合运用确定危险源,采取控制措施。归纳出波形梁钢护栏工程施工安全危险源辨识与防控措施如表1所示。

波形梁钢护栏工程施工安全危险源辨识与防控措施一览表 表1

施工项目:桥梁段钢立柱预埋、钢立柱打桩和波形梁安装				
可能发生的安全伤害事故类型:车辆伤害、物体打击、起重伤害、坍塌、噪声伤害、高处坠落				
序号	区域	潜在危险源	可能导致的伤害事故	危险源防控措施
1	材料堆放区	区域安全防护设施欠缺或摆放不到位	车辆伤害	增设警示、路线引导标牌、施工锥与夜间爆闪灯,按照安全规范要求正确摆放,区域人员戴安全帽、穿反光服;限制运输车辆行驶速度,并规划车辆进出线路
		材料到场吊卸,吊卸材料掉落或吊卸机械操作失误	物体打击 起重伤害	配备现场指挥人员进行指挥;配备承载力高的吊卸绳,加强检查;加强机械操作人员对操作手册的学习,严格规范操作;严禁吊臂和吊物下发站人
		堆放材料滑落或倒塌	坍塌	堆放材料底部和两侧增设枕木撑垫,巩固堆放材料稳定性

续上表

施工项目:桥梁段钢立柱预埋、钢立柱打桩和波形梁安装				
可能发生的安全伤害事故类型:车辆伤害、物体打击、起重伤害、坍塌、噪声伤害、高处坠落				
序号	区域	潜在危险源	可能导致的伤害事故	危险源防控措施
2	施工作业区	区域安全防护设施欠缺或摆放不到位	车辆伤害	增设施工、路线引导标牌、施工锥,按照安全规范要求正确摆放,区域施工人员穿反光服;限制运输车辆行驶速度
		打桩施工过程人员未戴耳塞	建筑施工的噪声伤害	给施工区域人员配备耳塞,加强检查耳塞的完好性
		机械设备操作、车辆驾驶的操作失误	机械伤害 车辆伤害	加强组织机械操作与车辆驾驶人员培训学习,学习机械设备和车辆的操作手册,巩固操作要领,在操作与驾驶过程严格按照操作规程操作
		桥梁中分带钢立柱预埋与路侧三波形梁护栏施工	高处坠落	加强这些段落施工前的班组会,安全员讲解清楚注意事项,现场增加安全巡查,并时刻提醒施工人员注意安全
		身体不适人员施工	高处坠落	施工前对施工人员的身体状况进行详细询问和检查,严禁施工人员带病、带伤进入施工现场
		波形梁卸料、安装施工	物体打击 车辆伤害	加强施工前的班组会,安全员讲解清楚潜在危险源,技术人员讲解清楚施工技术操作要领,现场配备指挥人员,组织卸板人员轮流交替、更换休息,并时刻提醒施工人员注意安全;安装波形梁时多借用小型工具,严禁用手对孔;安装螺栓时严禁用钢钎敲打螺栓

(3)组织施工前班前会议,要求安全员宣讲施工安全注意事项,将识别的施工危险源明确告知施工人员。

(4)施工现场和材料堆放区域正确摆放安全防护设施。施工作业区段必须按照警告区、过渡区、缓冲区、作业区、过渡区五个划分区域。警告区内摆放警示、限速、路线引导标牌等;上游过渡区放置施工反光锥,下游过渡区摆放施工标牌;缓冲区与施工作业区交界处应布设路栏,缓冲区和施工作业区内采用反光施工锥封闭一个车道,作业区必须做到 2 米摆放一个施工反光锥。

材料堆放前在路面要先垫方块条形枕木,确保材料堆放稳定,防止滑塌伤人。堆放材料顶部设置爆闪灯,夜间开启闪烁功能。

(5)施工前,应选派专人对施工区域内进行安全检查,查看是否存在毒蛇、马蜂等可能造成施工人员伤害的昆虫及动物等。待安全检查完毕,确保没有任何干扰伤害再组织其他施工人员进行施工。

施工过程中所有人员必须佩戴安全防护用品。施工人员不准穿拖鞋、不准赤脚;施工作业前不准饮酒;高处作业时,不准将工具、材料、垃圾等向下抛扔。

(6)编制《施工安全生产日志》,专职安全员进入工地现场随时对施工驻地、材料堆放区域和施工作业区域进行安全巡查,对现场查出的安全隐患及时记录在《施工安全生产日志》

中,并要求施工队伍现场整改到位。

(7)每月组织施工人员进行现场安全教育培训和不定期召开工地例会。强化施工人员施工安全意识和自我保护意识,主要加强对一线作业人员的施工安全宣讲和教育,如图1所示。

图1　现场安全教育

(8)每月进行平安工地考评工作和施工安全危险源辨识与防控措施月报工作;积极应对监督单位对施工标段进行安全巡查中发现的施工安全问题,及时整改,并将落实到位的整改状况和措施上报监督单位。

(9)在施工推进过程中,项目部根据间断性进场施工人员和机械设备情况,以及在检查中发现安全防护设施缺少和损坏的,及时购置施工安全防护用品和设施,并发放给新进场人员和施工队伍。

(10)及时整理施工安全管理资料。

4　结语

安全工作的目标就是控制危险源,努力把事故发生概率降到最低。波形梁钢护栏施工前期,依据原施工经验总结,结合当前项目施工现场实际情况,详细分析、辨识施工安全危险源,制定排除安全隐患的具体措施;施工过程中,多巡查,及时发现问题,现场纠正。可以邀请其他交叉施工单位对波形梁钢护栏施工安全进行检查和监督,听取大家给予的改进建议,结合大家的智慧,做好施工安全生产工作,确保施工任务顺利完成。

基于二维码的预制梁场 BIM 技术应用研究

崔亚超　张永祥

[海南省琼中至乐东高速公路(琼中至五指山段)A6 合同段]

摘　要:本文结合海南琼乐 A6 项目预制梁片施工生产情况,简要介绍了基于二维码的预制梁场 BIM 技术应用的方式,包括 BIM 技术应用的思路、应用流程和应用效益等,为今后预制梁场的 BIM 技术应用管理提供参考。

关键词:二维码;BIM 技术;预制梁场;应用研究

1　引言

近几年,BIM 技术已经在机械工程、房建工程、电子等行业全面推广应用,而路桥建设、轨道交通、隧道工程全寿命周期的 BIM 技术应用也已经逐步兴起。同时,随着我国社会经济的稳步推进,建筑业已经逐步向低碳、环保、可持续的方向发展。且伴随着国际同行业日趋激烈的竞争与挑战,将 BIM 技术应用于工程建设过程中以提高企业的核心竞争力是必然的发展方向。

传统预制梁场生产管理方式的生产信息采集及录入效率低、信息封闭性强、时效性低,无法对施工过程无法到达有效的管理。在建筑业信息化快速发展的大背景下,急需一种适用于预制梁生产的信息化新型管理系统,实现预制梁生产过程全过程可监控、可追溯、实时共享、自动分析的信息化管理。

2　工程概况

海南琼乐 A6 项目预制箱梁共计 1704 片,根据现场施工需求共设置三个预制梁场:1 号梁场占地面积 11000m^2,共设置台座 28 个,共承担预制梁 744 片;2 号梁场占地面积 12000m^2,共设置台座 32 个,共承担预制梁 700 片;3 号梁场占地面积 10000m^2,共设置台座 28 个,工承担预制梁 260 片。本项目梁片数量较多,已形成一定规模,所以项目决定采用基于二维码的 BIM 信息管理系统,加强梁场过程管理,提高效率,对梁片预制全寿命周期进行监控管理。

3　基于二维码的预制梁场 BIM 技术应用研究

3.1　BIM 模型的建立

根据现场工程需求分析,需对本项目每座桥梁上部结构的各类预制项目建立 BIM 模型,同时也对各预制梁场建立整体模型,包括台座、龙门吊、钢筋棚等(结构模型精度满足 LOD400 的要求)。建模平台的选择对项目后期 BIM 技术的推广应用相当重要,如图 1 所示。目前市场上存在较多的BIM建模软件,我部对其中使用度较高的三款软件进行了对比分析,如表1所示。

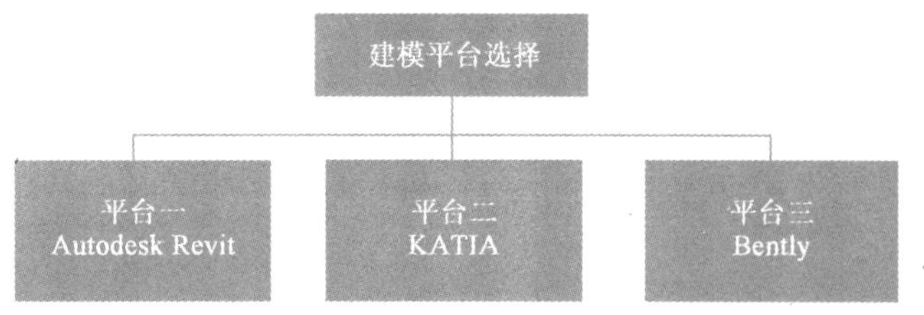

图1　建模平台选择

建模平台优劣分析

表1

平　　台	优　　点	缺　　点	结　　论
Revit	1. 族库开发完善、建模方便; 2. 易学、容易上手; 3. 有现成软件可利用	1. 曲线桥梁建模过程存在难度; 2. 桥梁工程族库类型较少	采用
KATIA	1. 该软件参数化能力强; 2. 自动出图能力强	1. 需进行大量二次开发才可使用; 2. 软件学习难度大; 3. 需购买使用	不采用
Bently	1. 该软件参数化能力较强; 2. 较容易使用	1. 族库类型少; 2. 需进行大量二次开发才可使用; 3. 需购买使用	不采用

通过以上对三种建模软件的优劣性进行比较,本项目决定采用目前市场上使用程度较高、较成熟的Autodesk Revit建模平台进行项目BIM模型的建立,如图2、图3所示。

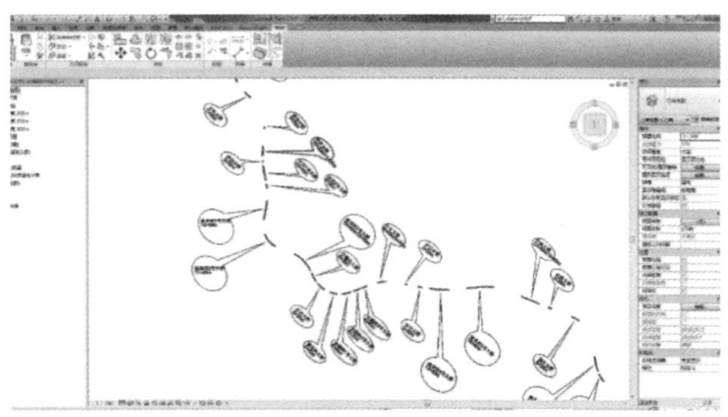

图2　采用Revit建模后全线桥梁模型

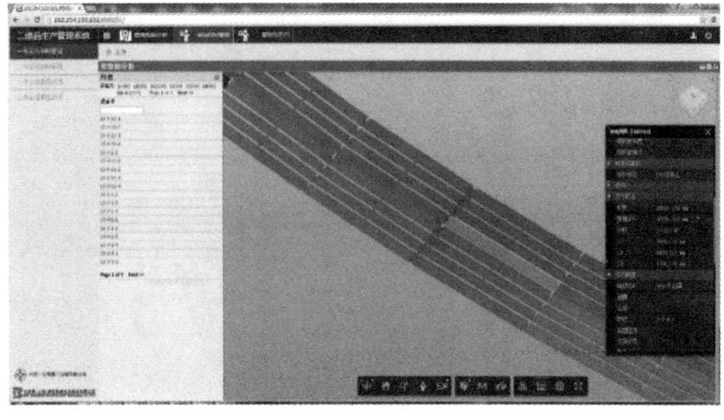

图3　采用Revit建模后桥梁上部结构图

3.2　BIM 技术管理平台开发

项目根据箱梁预制及架设过程中的施工工序及施工特点，与 BIM 咨询单位合作，开发出了一套适用于箱梁预制及架设施工的 BIM 技术应用管理平台，同时开发电脑 PC 端、手机 APP、微信平台，让项目管理人员可以通过多种形式随时随地登入该平台进行信息的录入及查询。该管理平台主要模块及原理如表 2，图 4 所示。

BIM 信息管理平台主要应用模块及原理　　表 2

序号	功能模块名称	功　　能	详细内容描述
1	BIM 模型建立	桥梁结构 BIM 模型	对本项目相关的每座桥梁，建立上部结构 BIM 模型
		梁场整体 BIM 模型	对两个梁场的场地、大型机械、预制梁生产设备进行模块化 BIM 建模
2	轻量化 BIM 模型及二维码管理标准	利用 BIM 技术，建立虚拟现实空间进行模型浏览	BIM 模型轻量化在线展示，构件信息定位及查询，如桥梁位置、编号、混凝土体积、预设施工时间等信息
		编制本项目的二维码生成及管理标准	根据现场需求，调查和编制本项目的二维码生成规则及使用、管理规范
3	平台主要功能	UI 界面定制开发	按照平台主要功能和使用需求订制专用界面和企业标识
		项目需求流程分析及权限管理	汇总和分析项目需求，并按照项目管理流程和参与人员订制平台流程和管理权限
		生产信息查询	查询各种信息（录入数据库里的可编辑信息）
		数据自动筛选及统计	安装预设的查询条件筛选查询信息，并统计数量，如按时间/编号/人员/台座等统计
		数据分析及导出	将生产信息按条件分析和统计，一键快速提取到 excel 表
		图表统计	根据状态生成柱状图、饼图、曲线表等，直观的反应各种所需信息
4	移动端应用	微信集成	二维码生成，可通过扫描二维码查询已录入信息
			通过移动端平台现场录入及修改数据（梁的生产状态等数据）
			通过移动端平台查询统计数据

图 4　预制梁场二维码生产管理系统

3.3 BIM 技术管理平台应用

3.3.1 二维码应用

本项目为进一步优化预制梁场现场施工管理,结合 BIM 的系统开发使用了二维码技术,为本项目 1704 片预制梁和各梁场台座进行了编码,使每一片梁都对应一个单独的 ID。根据编号利用网络平台批量生产梁片二维码,二维码信息由原始 BIM 模型数据批量生成,每个梁片对应单独的二维码,然后利用二维码专业打印机打印二维码。

台座二维码打印完成之后直接粘贴于每个台座的前后两端。梁片二维码打印完成之后,预制梁处于钢筋绑扎等生产状态时,二维码采用挂牌的方式,即利用透明塑料卡牌将二维码套在其中,挂在正在生产的梁片模板上,待梁片生产完成之后,将二维码粘贴于梁片翼缘板下方,然后二维码将随,梁片一起移动,如图 5 ~ 图 10 所示。

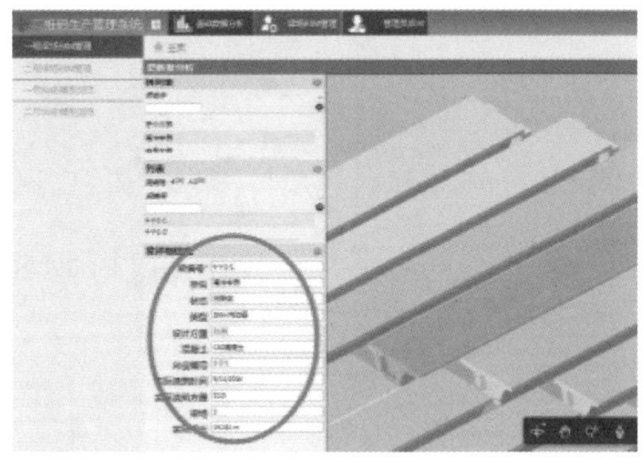

图 5 预制梁片 ID 编码

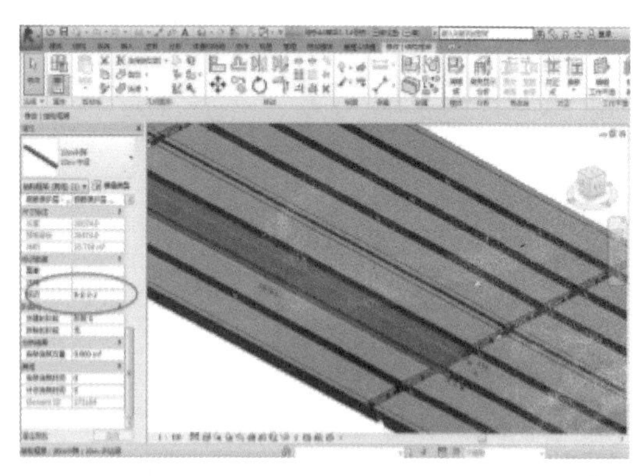

图 6 预制梁信息附加

图 7 预制梁片二维码

图 8 台座二维码

图 9 二维码打印

图 10 二维码粘贴

每个梁片应进行相关设计信息附加及预留施工过程信息附加端口，通过手机扫码即可实现相关生产信息的查询。

3.3.2 信息采集与录入

在梁片二维码生成后，根据预制梁片的生产状态可以分为：未生产、钢筋绑扎、模板安装、砼浇筑、养护、张拉、压浆、存梁和已架设。对应这些状态，现场技术员通过手机微信端进行扫描二维码，将梁片所在的状态录入系统，并输入采集人员姓名和相关现场施工情况，点击确认后系统自动记录现场施工时间，如图11、图12所示。

图11 现场二维码信息采集

图12 现场二维码信息采集

3.3.3 预制梁生产信息的查询及分析

在现场信息采集录入后，在管理系统中，相关注册人员可以通过手机微信端和电脑客户端点击梁片即可查询对应梁片的设计及生产信息，同时图中每一个预制梁的颜色对应了梁体处于的不同生产状态；利用该平台可以根据预制梁的生产状态、梁长、生产时间段等进行预制梁信息的查询汇总，并且可以一键生成 Excel 汇总表；也可以对整个预制梁场总体的生产情况进行汇总分析，自动生成生产饼状分析图及每个台座生产状态图，点击每个饼图就可查询到其相对应的梁片信息；平台根据管理需，对不同的参与人员设置了不同的权限，相关人员仅可以在权限范围内使用该平台系统，如图13～图15所示。

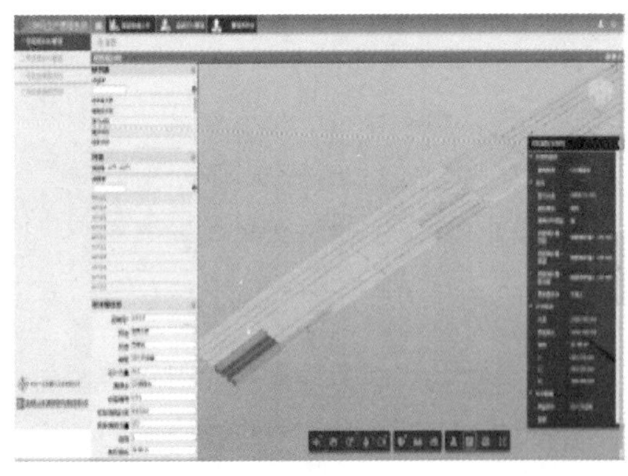

图13 预制梁生产状态查询

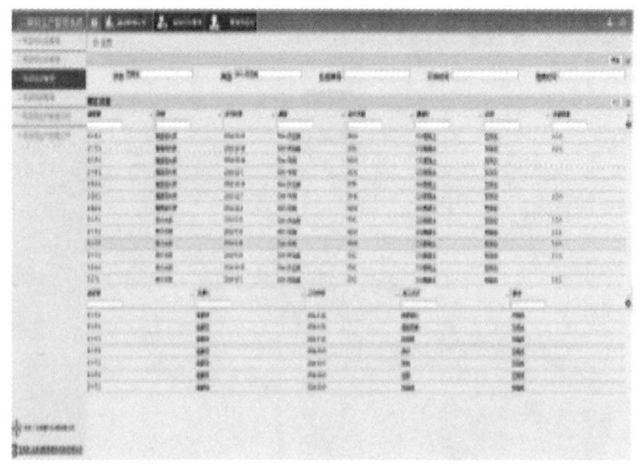

图14 预制梁生产状态查询

3.4 施工效果分析

本项目预制梁场通过使用 BIM 技术管理平台，现场技术员可以直接通过微信扫描二维码进行预制箱梁信息的录入和查询,项目管理人员可以通过管理系统时时查看预制梁场的预制情况,并通过自动对比分析各时间段内预制梁片完成情况,及时对梁片施工进度进行调整,对预制梁片过程信息进行动态更新并保存,实现了对预制梁场的施工管理宏观调控。

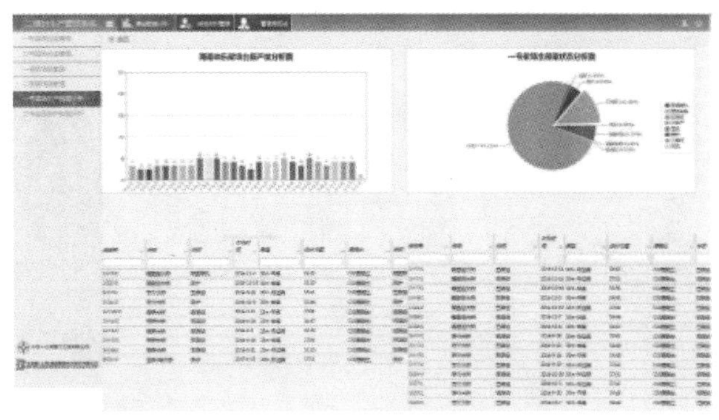

图 15　预制梁生产信息自动分析

采用基于二维码的预制梁场 BIM 管理系统应用,其主要体现以下几个效果:

(1)提升信息采集效率

原始的现场记录需要手动书写施工日志,然后专人录入到电子表格中,每个工序都要花费数分钟时间,现在二维码码自动录入和采集,只需要数秒钟就可以详细记录生产过程,信息采集效率提升 10 倍以上,如图 16 所示。

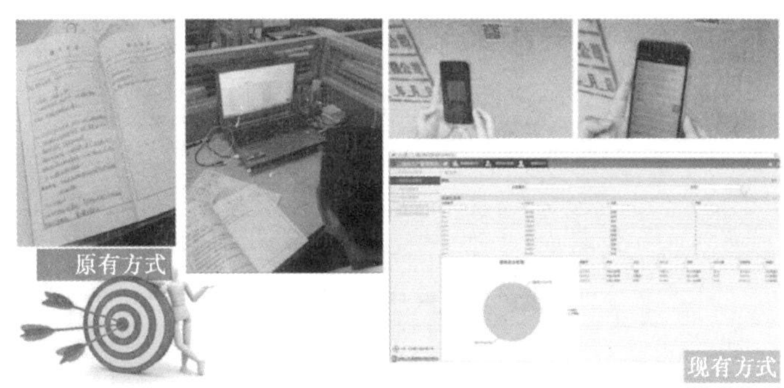

图 16　信息采集方式分析

(2)数据多人共享,打破传统信息孤岛模式

传统纸质文档和单机储存的生产信息,只能单人固定办公室可以调阅,工程技术团队难以多人实时共享。采用信息化管理平台的方式,将原本的纸质协作改变为多账号协同获取,打破信息孤岛,提高协作效率,如图 17 所示。

图 17　数据共享

(3)数据自动分析,同步获得

本项目作为一个大型项目,烦琐的现场数据需要通过现场技术员和档案室档案员的收集整理,需要的管理数据往往要滞后一两天获得。采用二维码 BIM 管理系统进行平台大数据统计与自动分析的工作模式,将可以实现全员实时获取,在需求产生的同时,数据即可同步获得,从根本上提高工程信息化和现场精细化管理水平,如图 18 所示。

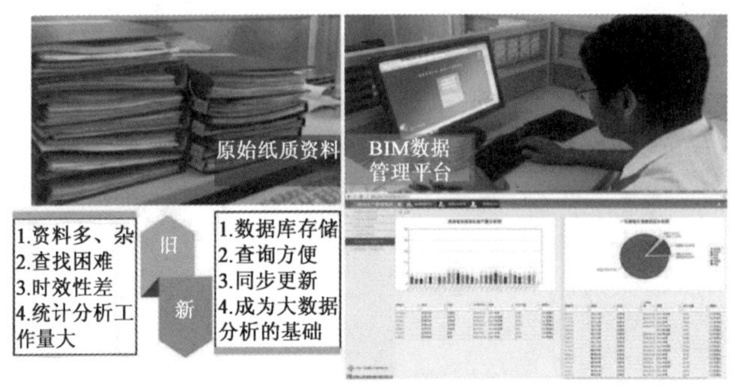

图 18　生产数据自动分析

3.5　整体效益分析

3.5.1　管理效益分析比较(表 3)

BIM 应用管理效益对比分析　　表 3

主要对比参数	传统管理方式	BIM 信息化管理系统	效　益　比
使用程度	专人专管	多人共享	信息化协作
录入效率	手动填写	自动采集	10 倍以上
数据准确性	现场确认	BIM 提取 + 现场复核	多重校核
时效性	资料延后数天	实时	数据同步
数据分析方式	人工汇总	系统自动分析	20 倍以上

3.5.2　经济效益分析比较(表 4)

单个预制梁片经济性分析　　表 4

项　目	人工费(元)	材料费(元)	机械费(元)	管理费(元)	合计(元)
传统管理办法	8000	24000	4000	2000	38000
BIM 生产管理系统	7250	24000	4000	1800	36600
费用差	750	0	0	200	950
说明	以单片 40m 预制箱梁为参考				

3.5.3　工期进度分析

基于二维码的预制梁 BIM 生产管理系统从管理上优化预制梁生产及架设过程,保证预制梁生产后能及时架设,不存在梁片积压问题。单个预制梁场每天能顺利生产 3 片梁,比原计划每天生产 2.5 片梁多出 0.5 个梁片,单个预制梁场工期可节约 2 期 35 天。

4　结语

基于二维码的预制梁场 BIM 管理系统应用简单、管理方便、信息化效果好,同时能够施工信息保存完整性好,施工过程可追溯,极大地提高了项目生产管理水平。该管理系统已获国家实用性新型专利 1 项、第三届 BIM 大赛二等奖等奖项。该管理系统可使用于各种不同类型的预制梁场,推广使用前景广阔。

浅谈混凝土工程质量控制过程中的精细化管理

赖　黎　冯宝库

[海南省琼中至乐东高速公路(琼中至五指山段)A4合同段]

摘　要:本文以海南省琼乐高速琼中至五指山段A4合同段项目混凝土工程施工为实例,介绍和总结了在施工作业面广线多,原材料紧缺混凝土施工质量控制难度大的条件下混凝土工程施工过程的精细化管理,较好地控制了混凝土工程施工质量,为类似工程具有一定的借鉴作用。

关键词:混凝土工程;精细化;管理;控制

1　概述

海南省琼乐高速琼中至五指山段工程A4合同段位于海南省五指山境内,为海南省重点工程。工程全长11.21km,共有桥梁15座,总长4.7km,路基14段,总长6.42km,涵洞29道。主要构件混凝土包括桥梁桩基812根,最大桩径2m;桩(墩)间系梁238道,墩柱384根,实心方墩72根;13座桥为预制箱梁,共1186片,2座桥为现浇箱梁,设计混凝土方量约20万m^3。工程地处海南省中部山区,砂、石等原材料紧缺,工程线路长,混凝土运距远,质量控制难度大。通过施工过程精细化管理,采取有效的控制措施,混凝土施工质量得到了良好的控制。

2　确定质量目标

工程合同要求质量目标为:交工合格、竣工优良。在此基础上,根据中交三航局、分公司质量管理办法和《公路工程质量检验评定标准》要求,针对混凝土工程质量确定了以下质量目标:

(1)混凝土原材料质量均满足设计及规范要求,抽检合格率100%,严禁不合格原材料进场使用;

(2)混凝土构件保护层抽检合格率达到90%以上;

(3)混凝土观感质量得分率达到90%以上,基本消除气泡、蜂窝麻面等质量通病;

(4)混凝土构件强度合格率达到100%。

3　质量管理体系及制度精细化

3.1　建立健全质量管理体系

成立以项目经理为组长,项目总工、副经理为副组长,各部室、搅拌站负责人为组员的混凝土施工质量精细化管理领导小组,明确分工,责任到人,分别签订质量管理责任书。组织进行标准化管理规范宣贯学习,小组成员积极履行项目部制定的各项精细化管理要求。领导小组每月组织会议总结并及时调整计划和措施,保证下一步混凝土施工质量。

3.2 制定质量管理制度

项目部制定编制了《项目部质量管理制度》、《施工测量管理办法》、《工序控制管理办法》、《施工日志管理制度》、《文件与资料管理办法》、《质量问题分析制度》等质量管理制度和办法,并利用每周例会,分别进行宣贯学习,施工过程中严格落实执行各项制度。质量管理制度主要如下:

(1)岗位责任制度;

(2)施工现场质量管理制度;

(3)工程质量奖罚制度;

(4)三检及交接检制度;

(5)技术交底制度;

(6)隐蔽工程检查制度;

(7)质量缺陷处理制度;

(8)工程质量事故报告制度;

(9)首例分析制度;

(10)模板验收准入制度。

4 施工管理精细化

4.1 严格做好工前技术交底

制定切实可行的混凝土施工质量过程控制程序。每道施工工艺(工序)施工前均由技术部对现场施工技术员、班组等操作层人员进行质量交底,明确质量要求、质量控制点及控制措施,并严格按照技术交底内容施工控制。对于施工班组的交底,项目部要求在施工现场进行,现场可以进行实物讲解,对于农民工来说更直观,更容易被接受,如图1所示。

图1 现场质量技术交底会

4.2 执行施工方案评审制度,从技术源头落实精细化

分项工程实施之前分管技术员先编写施工方案,由项目部组织管理人员、施工班组长作为“专家”进行初评审。评审后,按评审意见修改,再由项目总工审批后上报。通过这样的方式,集思广益,可以将方案充分优化,可操作性更强,达到质量控制无死角的目的。

4.3 确立标杆工程,通过标杆管理落实施工精细化

“标杆工程”应该是精品中的精品。项目部确立箱梁预制、现浇箱梁和防撞护栏等工程为项目质量控制的标杆工程。针对标杆工程,制定高于规范和标准化要求的更严格的质量制度和控制措施,如图2所示。

图2 分项工程施工方案评审

4.4 全面推行“首件工程”制度,实行施工精细化

全面深入贯彻施工精细化管理理念,严格执行“首件工程”示范制度。通过“首件工程”的实施,将最优的工料机配置,最优的施工工艺总结出来,在后续构件施工中推广落实,达到施工质量优化控制的目的,从而推动整个分项工程的精细化施工。

首件工程实施必须经过“首件工程”计划编制、“首件工程”施工方案编制报批、“首件工程”质量安全技术交底、“首件工程”施工、“首件工程”施工质量检测、“首件工程”施工总结、“首件工程”施工方案优化、二次优化技术交底等八个步骤,每一步都必须严格落实,从而达到精细化施工管理目的,如图3所示。

图3 首件工程总结分析会

4.5 严格执行“三检”制度,落实施工过程控制精细化

对于分项工程关键工序交接,要求班组之间要进行互检,明确互检责任,然后技术员自检,再由项目部专职质检工程师验收,合格后方可报监理工程师验收。项目部配备2名专职质检工程师,向监理工程师的报检工作由质检工程师完成。每一道检验程序必须按部完成,

技术员或班组不得绕过项目部专职质检工程师向监理工程师报检。只有落实了检验过程的标准化精细化，才能对混凝土质量有效地控制。

4.6 关键工序的精细化管理

4.6.1 模板工程

混凝土构件模板均采用全新钢模板，其尺寸、规格、刚度等指标均要符合设计和规范要求，如图4所示。严格执行模板准入制度，进场模板由项目部专职质检工程师组织技术员、施工班组管理人员进行模板准入验收，并报监理工程师验收，不合格模板均要求退场不得用于混凝土构件浇筑。模板在每一次装模前，都要要求班组对模板进行打磨，除锈除垢干净后才能涂刷专用水溶脱模剂，如图5所示。施工过程中注意模板的保养，防止模板变形；经常检查，更换老旧模板。模板接缝止浆均采用橡胶止浆带，不得用传统的双面胶进行止浆，保证模板的止浆效果，控制混凝土质量通病的发生。

图4 涵洞工程新钢模

图5 模板打磨除锈

4.6.2 钢筋工程

钢筋工程施工关键是在控制钢筋的混凝土保护层厚度。对于混凝土构件保护层控制，采用标准的混凝土垫块，垫块的强度和密实性须满足设计要求，检查垫块支垫的位置、数量和紧固程度，不符合要求的及时处理，提高保护层厚度的验收合格率。同时严格控制钢筋质量，要求钢筋半成品以及钢筋笼制作要进行出场验收，合格后方可运输至现场安装。运输过程中要采取有效措施保证钢筋不受到损坏和污染。现场绑扎和安装过程中，其质量要满足设计要求和规范规定，经验收合格后方可进行关模进入下道工序施工。

4.6.3 混凝土浇筑

混凝土均由标准化搅拌站集中拌和，由混凝土搅拌运输车运抵现场入模浇筑。搅拌站配置混凝土搅拌质量控制的专职试验员1名。混凝土出场前由专职试验员验收合格后才能出场运至浇筑现场。混凝土运抵现场浇筑前，必须现场进行塌落度检验，符合配合比设计要求方可入模浇筑。混凝土浇筑过程中，技术员必须全程旁站，实时观察混凝土质量，及时沟通调整。

4.7 落实混凝土质量试验精细化管控

原材料进场必须经试验室抽检合格后方可用于生产，试验室加大原材料试验抽检频率，及时跟踪原材料质量，不合格品一律退场。试验室为保证进场胶凝材料的质量，制作了专用胶材取样工具，确保样品的代表性，并购置显微镜来观测粉煤灰的玻璃体含量，采用多种手段从源头保障产品的实体质量，如图6所示。

试验室在混凝土浇筑前完成混凝土配合比优化设计，实时控制混凝土强度。根据混凝土运距、天气情况，严格控制混凝土强度。对于浇筑完成混凝土构件，及时回弹，跟踪控制混凝土构件强度。

图6 粉煤灰玻璃体含量检测

4.8 采用信息化管理手段监控混凝土生产质量

项目部为更全面的把控混凝土质量、提高混凝土质量控制水平，分别在拌和站和试验室安装了混凝土抗压数据实时采集上传监控系统和混凝土生产全过程监控管理信息系统，使用信息化手段确保相关各级管理人员尽快、全面的掌握混凝土各项生产数据和质量指标。

5 结语

本工程在混凝土施工过程中，对混凝土施工质量始终实行全过程、全方位落实施工质量精细化管理，通过精细化管理措施的落实，混凝土强度合格率100%，外观质量得分率92%，保护层抽检合格率91.3%，基本消除了混凝土质量通病，实现优质混凝土的目标。

浅析山区高速公路大型桥梁施工进度控制与管理

冯宝库　罗庆灿

［海南省琼中至乐东高速公路（琼中至五指山段）A4 合同段］

摘　要：本文以海南省琼中至乐东高速公路（琼中至五指山段）工程 A4 合同段毛阳特大桥桩基及下部结构施工为例，对工期紧迫、地处陡峭山腰地段、暴雨山洪多发、便道修建困难的桥梁进行分析，提出具有实际可行性的山区高速公路大型桥梁施工进度控制与管理办法措施，并付以实施。为后期的相关工程施工提供参考和借鉴。

关键词：桥梁施工；进度控制；企业效益

1　工程简介

毛阳特大桥桥梁中心桩号为 K156 +510，桥梁起点桩号为 K155 +966.8，桥梁终点桩号为 K157 +053.2，桥梁全长为 1086.4m，如图 1 所示。共分 9 联，跨径组成为：9 ×（4 ×30）m。桩基为嵌岩桩和摩擦桩；下部结构桥墩墩身采用实心薄壁墩；桥台采用柱式桥台、上部结构为 30m 装配式预应力混凝土连续箱梁。基础及下部钢筋混凝土量为钢筋：3108t；混凝土：19500m^3。

图 1　毛阳特大桥墩柱效果图

2　施工特点与难点

该桥沿着昌化江和国道路线，设计为景观桥，桥墩为实心方墩。施工主要存在以下困难：

施工工艺较为简单,但对外观质量要求高;海南每年 5 ~ 10 月处于雨季,台风较多,瞬间降雨量大,地质主要为砂性土,施工便道容易被冲刷,增加便道修复难度;桥位处于陡峭山腰地段,跨越多处沟谷,相邻两墩高差最大达 15m 左右,施工机械在桥内纵向便道无法通行,需增设支路便道;该桥为本项目关键线路工程,工程量大,采用翻模工艺周期较长;由于桥梁用地为琼中县什运乡与五指山市毛阳镇争议地,从 3 月下开工令开始动工起,期间陆续有村民阻挠施工,直到 7 月底才彻底解决,8 月份机械人员才开始批量进场,所以工期更为紧迫。针对以上实际情况进行分析,提出以下几点施工进度控制措施,确保了本合同段该桥梁施工顺利完成。

3 施工进度控制措施

3.1 方案比选

首先该桥为国道路线的景观桥,对桥梁外观质量要求较高;其次,桥墩为实心方墩,施工工艺较为简单;最后,在按照计划进度要求且经济合理的前提下投入模板,且不影响下一道工序的施工。按以上要求对滑模和翻模施工进行对比,如表 1 所示。

滑模和翻模工艺对比 表 1

施工方法	优　　点	缺　　点
翻模施工	混凝土浇筑时间不限、养护方法简单;进度也能够满足工期要求;混凝土养护管理方便;桥墩混凝土的表面光洁,外形美观;施工方便,操作简单,施工周期短;在施工过程中可依据监测数据纠正偏差,确保混凝土的外观质量	为保证施工缝的质量需对前段混凝土顶面人工凿毛;需较多的设备,如手拉葫芦、全站仪、水准仪等
滑模施工	浇筑的混凝土没有施工缝,水密性、气密性均较好;能较大限度地缩短工期	混凝土外观质量很差,配套设备较多,投入很大;一旦施工开始,中途不能停止,在雨季施工,混凝土质量难以保证

根据计划工期投入 30m 模板,多模同时投入使用。桥墩合计 970m,每次翻模 6m,每天计划可以完成 18m,53d 可全部完成,满足计划工期要求;桥墩共 70 个,墩身高 1 ~ 30m,桥墩数量多,但墩身不高,从而需要模板经常转移施工。

结合以上现场实际情况翻模、滑模优缺点,考虑既要保证桥的外观质量和经济效益,又要保证总工期不受影响,综合以上特点选用翻模施工,如图 2 所示。

图 2　翻模施工

3.2 统筹资源,动态调控

施工进度计划的保证措施贯穿于该桥施工全过程。项目部定期对工程项目进度控制计划的执行情况跟踪检查并及时调整,进行系统、科学、合理的动态化管理,保证工程质量,最终缩短了建设工期,实现了建设工程项目总进度控制目标。

为提高主观能动性,根据现场工程量,由现场技术员编制施工进度计划,计划细化到每日完成的部位;每周定期开会,总结上周完成与未完成任务原因,并做下周施工计划。若上周因特殊情况计划目标与实际完成不符,应及时重新倒排计划,实现动态化管理。相对地动态投入人员、机械,以满足现场进度质量为核心,确保总体施工进度计划的完成。人员和机械设备配备情况如表2所示。

人员和机械设备配备一览表 表2

<table>
<tr><th>工程部位</th><th>人员(人)</th><th>机　　械</th><th>模　　板</th><th>备　　注</th></tr>
<tr><td>桩基</td><td>100</td><td>卷扬机50台,挖机1台</td><td>100套护臂模板</td><td>山区水缺乏,石质坚硬,采用人工挖孔桩</td></tr>
<tr><td>承台</td><td>15</td><td rowspan="3">平板车1台、挖机2台,吊车4台</td><td>3套模板</td><td rowspan="3">机械统一由一人调配,提高机械利用率</td></tr>
<tr><td>墩柱</td><td>30</td><td>30m模板</td></tr>
<tr><td>盖梁</td><td>15</td><td>3套底板</td></tr>
</table>

桥梁桩基数量为188根。桩基的施工快慢直接影响下一道工序的施工进度,不确定性因素大。该桥地处半山腰地段,跨越多处沟谷,地势高差较大,水源缺乏,大型机械进场困难。为满足工期要求,增加投入,扩展施工作业面,采用多点并进的方法。对比桩基的施工工艺,人工挖孔具有较大的优势,能够满足多点开挖施工要求,所以桩基选择人工挖孔桩。对于承台和盖梁,根据上一道工序的完成情况,动态地调整人员配置。

机械的投入与工作面相呼应,做到人不等机械,机械不闲置,由专人统一调配管理。每处墩柱钢筋与模板工共用一部吊车,钢筋施工跟随模板施工,以提高机械利用率。盖梁施工采用一部50t吊车。盖梁钢筋骨架在地上绑扎成型,待底板铺好后整体往上吊装,这样不但可提高效率和安全性,也可提高机械的利用率,每天安排2部吊车中午或晚上轮流工作。模板和小型构件统一由装载机转运。保证每个工序环环相扣,实现施工现场动态化管理,确保施工进度完成。

3.3 针对难点特点采取相应措施

该桥地处偏僻,几乎没有乡村小路通达,人员和施工机械无法进入桥内施工;桥长1086.4m,相邻两墩之间高差较大,桥内纵向便道无法拉通。为防止不确定性因素影响施工,需增加作业面,同时需要增加便道通向桥内。首先,沿着桥梁纵向修建一条与桥平行的纵向主便道,对山涧和低洼长期浸水处进行换填处理,并硬化;其次,对该桥进行分段施工,见表3所示。每一施工段至少有一条支路进入桥内,确保每一个施工作业面不相互影响。

桥梁分段与横向支路表 表3

施　工　段	横　向　支　路	施　工　段	横　向　支　路
0号~4号墩	5号支路	31号~33号墩	2号支路
5号~16号墩	4号支路	34号~36号墩	1号支路
17号~30号墩	3号支路		

3.4 针对雨季确保进度的措施

海南每年5~10月为雨季,受台风影响次数多,暴雨时间长,雨量大。针对雨季施工,制订科学的组织施工措施，确保雨季不耽误施工进度。

(1)科学施工。充分考虑雨季施工的特点，将不宜在雨季施工的工程提前或延后，根据天气合理做好室内外作业安排，风雨天气尽量安排在室内施工作业，如钢筋制作与加工；雨时停时下时，做好工序穿插，提高工效，加快施工速度；遇到较大的暴风雨天气应停止施工。大方量承台混凝土浇筑前，及时了解天气情况，尽量避开大雨天气混凝土浇筑现场要准备防雨材料，以备浇筑时突然遇雨进行覆盖。

(2)吊装工程。吊车平台要平整坚实，周围要做好排水工作，严禁在积水、淤泥、浸泡的场地进行吊装；遇到台风或暴雨天气须停止一切吊装作业；雨后吊装时，应首先检查吊车本身的稳定性，确认吊车本身安全，未受到雨水破坏时再做试吊，将构件吊至1m左右，上下往返数次稳定后再进行吊装工作；雨天可能会影响起重机驾驶员的视线，且构件表面及吊装绳索被淋湿，导致绳索与构件之间摩擦系数降低，容易发生构件滑落等严重的质量安全事故。此时进行吊装工作应加倍注意，必要时可采取增加绳索与构件表面粗糙度等措施来保护吊装工作的安全进行。

另外，根据现场实际地形与低洼汇水情况，埋设涵管，确保桥内外便道排水通畅。施工时应配备直接调动的施工机械，防止突发情况，确保施工更加高效。

4 结语

山区高速公路大型桥梁施工应依据实际情况及特点采取有针对性的进度分析和控制措施。毛阳特大桥施工严格把控每一道工序，努力使桥梁的安全、质量、进度全过程可控，施工安全零容忍，施工质量做到稳中有升，工程进度明显加快。经过5个月艰苦奋战，圆满地完成了工程任务。经指挥部抽检，该桥混凝土强度合格率为100%，外观质量得分率为97%，保护层厚度抽检合格率为92.3%，均符合要求，实现该桥梁安全、质量、进度目标。

方格网法在公路工程软基处理中计算土石方工程量的实际应用

唐　洪　林水荣

[海南省琼中至乐东高速公路(琼中至五指山段)代建指挥部]

摘　要:公路工程土石方工程量计算常用的方法有断面法、方格网法、DTM 法和等高线法。本文结合琼中至乐东高速公路(琼中至五指山段)A1 合同段软基处理施工的特点,针对不规则场区软基处理采用断面法难以快速、准确计算工程量的情况,提出采用方格网法进行软基处理工程量计算的方法。

关键词:软基处理;断面法;方格网法

1　引言

公路是按照设计路线和一定的技术要求修筑的带状构造物,其土石方工程量计算最常用的方法是断面法。断面法计算原理简单,适用于断面变化不大的带状构筑物,各设计院对于公路工程土石方工程量计算也以断面法为主。然而,对于形状不规则的场区,采用断面法计算过程较烦琐,且精度不易控制,甚至无法使用。CASS 软件是基于 CAD 平台开发的集绘图处理、等高线绘制、地物编辑、工程应用等功能于一体的软件系统,其提供的方格网法能够快速、准确计算各种不规则形状场区的土石方工程量,能有效弥补断面法计算不规则场区土石方工程量过程烦琐、精度不高的短板。

2　方格网法计算土石方工程量的原理

采用方格网法计算土石方工程量的基本原理是将要计算的场区用小方格分割成若干个方格柱,分别计算这些柱体的填方或挖方工程量,并进行汇总得到总工程量。对于一块表面崎岖不平的待处理软基,设方格柱的体积为 V,由于挖除非适用性土时方格四个角点全部为挖方,则方格柱体积为:

$$V = a^2 \times H_{均}$$

$$H_{均} = (h_1 + h_2 + h_3 + h_4)/4$$

式中:　　a——方格边长;

$H_{均}$——方格平均施工高度；

h_1、h_2、h_3、h_4——分别为方格四个角点施工高度(m)。

3 外业数据采集

在计算公路工程软基处理工程量前，需要先进行外业数据采集。采集内容包括场区原地面数据、挖除非适用性土后基底数据及回填压实后地面数据。

通常用于外业数据采集的仪器为全站仪或RTK。全站仪为光学仪器，测量精度高、测程短且必须通视，易受地面植被、树木、构造物影响，其效率与完全脱离光学原理的GPS相比较低。

3.1 实时GPS动态测量(RTK定位技术)

GPS动态测量利用全球定位卫星进行数据采集，只要有卫星信号就可以作业，完全摆脱了光学仪器对视线的依赖，并且可以自动存储数据，无须手工记录，其效率是传统光学仪器无法比拟的。GPS动态测量也有缺点，那就是相比传统光学仪器毫米级的精度来说，GPS动态测量厘米级的测量精度不是很高，但对于软基处理测量工作来说这个精度已经完全可以满足要求了。

3.2 外业数据采集注意事项

数据采集过程中，应对各变坡点数据进行着重采集，对于地形起伏变化较大或路幅宽度较宽处应进行加密点位测量，以使所测数据足够反映该场区实际地形地貌，为日后的工程量计算工作积累好原始资料，数据采集示例如图1所示。

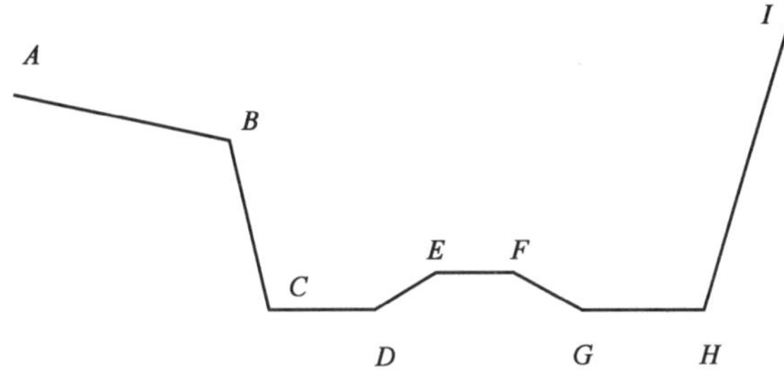

图1 典型断面采集点示例

4 内业数据的处理

利用计算机软件导出手薄存储的测量数据，分别进行处理并存储数据文件。利用南方CASS以所采集的原地面数据及挖除非适用性土后基底数据，计算出实际挖除非适用性土方工程量。利用回填压实后地面数据及挖除非适用性土后基底数据，计算出实际填方方量。

5 项目实际应用

琼乐高速琼五段A1合同段主线共有7处软基需要进行处理，其中K130+290~K130+420为本合同段软基处理段落之一。本段软基设计处理长度130m，平均处理宽度40m，平均处理深度1m，挖除非适用性土方设计方量5200m^3，换填碎石土设计方量6240m^3，设计要求软基处理土方工程量以实际发生量为准。

5.1 软基处理及测量流程

不合格

施工准备→原地面测量→清除非适用性土→基底验收→基底测量→分层回填碾压→压实沉降差测量→验收→软基回填后地面测量。

5.2 外业数据采集与沉降差控制

5.2.1 RTK 数据采集流程

基准站架设→点位校正→移动站数据采集。

5.2.2 压实沉降差测量

填筑施工过程中，应分层填筑、分层压实，要严格控制碎石土填筑厚度，每层压实厚度不得大于 15cm。每层压实后利用水准仪测量压实沉降差 $\Delta S = S_1 - S_2$。施工过程中，若 $\Delta S \leqslant$ 3mm，则碾压结束，若不符合要求，碾压至符合要求为止。

5.3 内业数据格式处理

5.3.1 外业原始数据导出后默认格式

1,110180.790,134006.572,413.361,130292.443,10,0.009,0.018,25,1.20

5.3.2 内业数据处理格式

分别利用 Excel 数据分列功能处理所采集的原地面、基底及回填压实后地面外业数据，复制、粘贴到文本文档并存储为 dat 文件。数据格式及释义如下：

1,a,y,x,z(点号,编码,y 坐标,x 坐标,z 坐标)或 1,,y,x,z(点号,,y 坐标,x 坐标,z 坐标)

5.3.3 方格网图的识别(图 2)

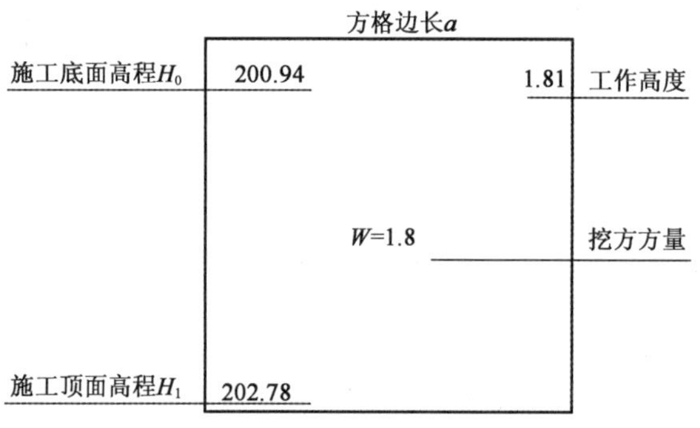

图 2 方格网示例图(尺寸单位:m)

5.4 利用南方 CASS 系统计算挖除非适用性土方工程量

(1)利用 CASS7.1 绘图处理—将高程点分别导入存储好的 dat 文件进行展点并存储。

(2)利用 CASS7.1 等高线—将建立 DTM，在已展点的挖除非适用性土高程点文件中建立三角网模型，为使模型更接近实际地形，须对三角网模型进行必要的删除和添加，并存储三角网。

(3)根据外业测得动土的边界线，在 CASS7.1 中利用“多功能复合线”功能，绘制计算边界线，绘制时须要闭合。

(4)在已绘制计算区域边界线的原地面高程点文件中，利用 CASS7.1 工程应用—方格网法土方计算。选取已整理好的原地面高程点坐标文件及存储好的挖除非适用性土三角网文件，设置好方格宽度(此处取 5m)，利用软件自动计算统计挖除非实用性土方工程量为 2798.7m^3，如图 3 所示。

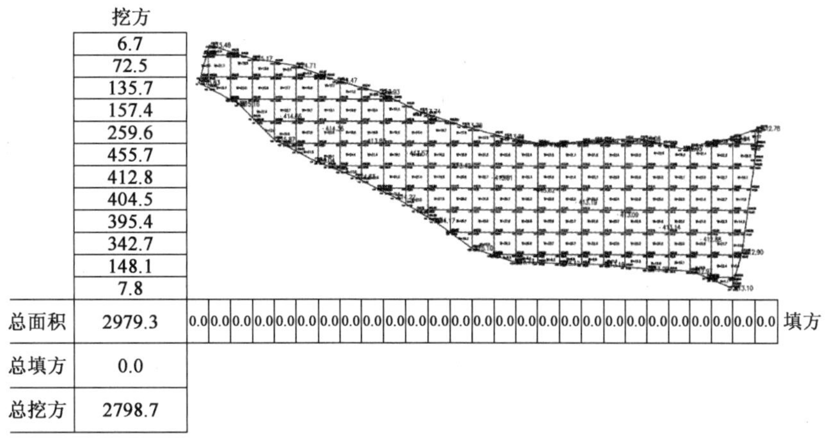

图3　挖除非使用性土方工程量计算图

(5)同理可计算出回填土方工程量为3562m³。

5.5　方格网法土方工程量计算结果验证

利用CASS系统工程应用—DTM法土方计算—计算两期间土方，计算出挖除非适用土方工程量为2742m³，回填碎石土方量为3612m³。两种方法计算结果误差均在5%以内，方格网法土方工程量计算结果符合要求。

5.6　方格网法土方工程量计算的误差分析

方格网法计算土方工程量相对精度公式：

$$\frac{m_V^2}{V^2}=\left(\frac{2}{\sqrt{A}}\right)^2 m_{\mathrm{L}}^2+\left(\frac{1}{\sqrt{N}}-\frac{1}{2N}\right)\frac{m_{\mathrm{L}}^2}{H_{均}^2}\approx 4.36\%$$

式中：N——小方格总数，取119个；

$H_{均}$——场地平均施工高度，$H_{均}=\sum_{ph}/\sum_{p}(\mathrm{m})$，取0.94m；

m_{L}——方格网边长之量测中误差，取0.05m；

A——场平总面积，取2979m²；

V——挖(填)土石方总量(m³)；

m_{V}——土石方总量的中误差(m³)。

6　结语

(1)方格网法适用场合

方格网法适用于形状不规则和难以确定基准面的场区。

(2)计算方法的选择

由于方格网法和断面法计算原理不同，在实际工作中，我们应视实际情况进行选择。

(3)基础数据

基础计算数据很重要，应加强外业数据的采集工作，使数据更加完整，准确表达实际地形地貌。

(4)计算边界线绘制

利用CASS多段线绘制边界线时一定要注意闭合且不可拟合，拟合曲线将会影响计算精度。

(5)方格宽度

在计算中,应根据场区面积大小,尽可能选择使用 5m 或 10m 的小数值方格宽度,以免由于方格设置过大,对计算结果造成影响。

(6)三角网的处理

方格网法 DTM 建模过程中,应根据现场实际情况,对 CASS 系统随机连接的三角网进行必要的添加和删除,以更真实地反映实际地形地貌。

(7)工程量计算的校核

实际工作中,通常需对计算结果采用不同计算方法进行校核。若采取不同方法的计算结果误差在 5% 以内,则认为计算结果可供使用。

现浇盖梁双抱箍法支撑设计与施工技术

罗　灿　戚泽华　胡志华

[海南省琼中至乐东高速公路(琼中至五指山段)A5 合同段]

摘　要:本文通过海南琼中至东乐高速公路 A5 合同段盖梁施工实例,重点介绍了现浇盖梁双抱箍法支撑设计及施工技术,特别是支撑体系整体脱模、落架工艺,大大降低了本工程高空作业风险及施工成本。

关键词:现浇盖梁;双抱箍;支撑设计;施工技术

抱箍施工技术在双柱式桥墩(含多柱)盖梁施工中应用十分常见,其原理是利用抱箍与墩身间摩擦力形成支撑结构,两个或两个以上支点形成简支支撑点,支撑点上布设工字钢作为主梁,槽钢为横梁,横梁上布设方木,形成盖梁模板支撑体系。该施工技术具有对地面承载力无要求、对墩柱外观无影响等优点,因此在盖梁施工过程中广泛应用。海南琼乐高速 A5 合同段盖梁施工中应用了双抱箍施工技术及支撑体系整体落架工艺,从而大大降低了高空作业风险和施工成本,提高了工效。

1　工程概况

海南省琼中至乐东高速公路 A5 合同段全长 12.69km,起点位于五指山市毛阳镇牙开村,终点位于五指山市番阳镇提拉村。合同段内共有 18 座桥梁,其中下部结构多为双柱式墩结合墩顶盖梁的结构形式。整个标段盖梁共 443 片,为现浇普通钢筋混凝土结构,标准通用尺寸为 11.6m×1.6m×1.9m,单片盖梁混凝土方量约 35m^3,采用双抱箍法施工。

2　双抱箍支撑设计

2.1　双抱箍结构设计

抱箍由两块略小于半圆的圆弧形带肋钢板拼装而成,钢板厚 20mm,上、下两个抱箍组成双抱箍,中间设置千斤顶作为顶升系统,上、下抱箍分别高 75cm、37.5cm,柱箍内径大于墩柱 10mm,如图 1 所示。单个抱箍拼装相接面预留 1.5cm 间隙,保证抱箍通过 M30 高强螺栓连接后与墩柱紧密结合。抱箍内壁用土工布包裹,以保护墩柱接触面,同时增加与结构物之间的摩擦力。

抱箍在连接处设竖向连接件,并用横向水平肋进行加固。两块抱箍之间设置若干水平高强螺栓连接,可利用连接结构作为牛腿或在半圆箍中间设置牛腿。

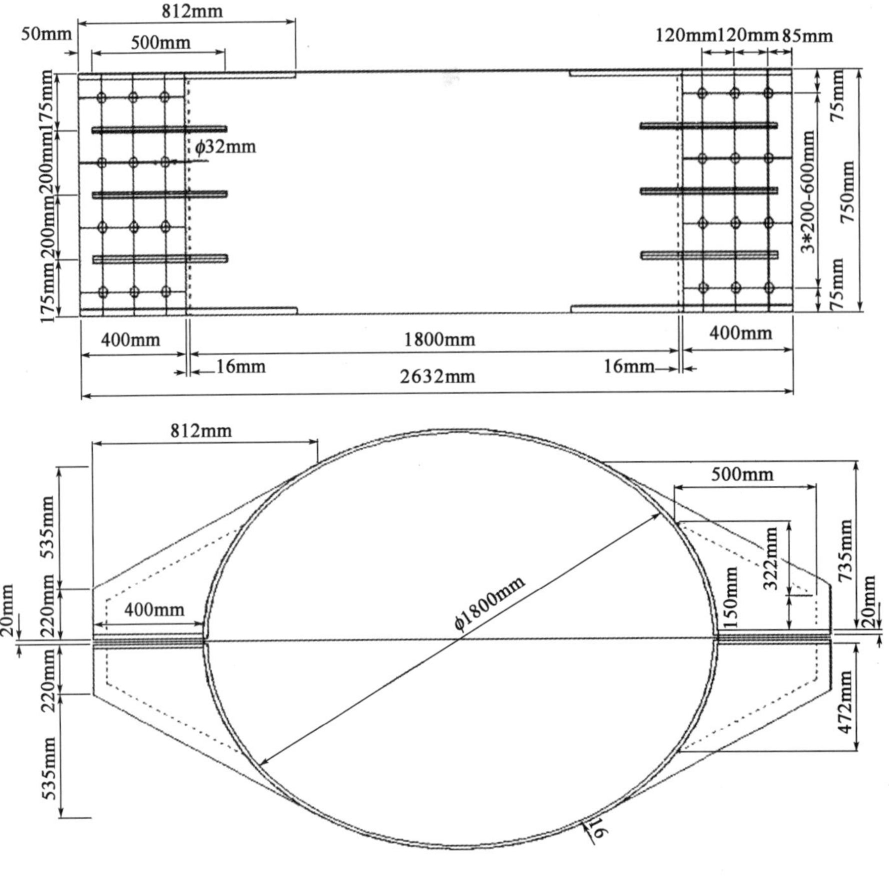

图1　抱箍结构设计

2.2　支撑平台设计

本工程采用2根45a工字钢作为支撑梁,对称放置在抱箍牛腿上。ϕ32圆钢均布3道作为拉杆锁紧工字钢,顶面等间距铺设[16a槽钢作为横次梁,加配木方、竹胶板等底模材料,完善支撑平台,以承受盖梁施工时的荷载,并做好安全防护措施,如图2、图3所示。

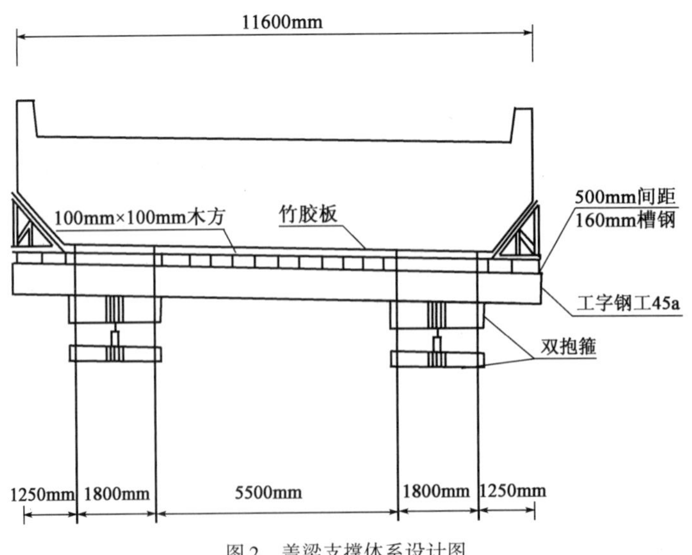

图2　盖梁支撑体系设计图

图3　盖梁支撑体系实物

3　双抱箍法盖梁施工

3.1　施工工艺流程

盖梁施工采取在墩柱上部测量放点,定位安装抱箍作为支撑,施工工艺流程如图4所示。

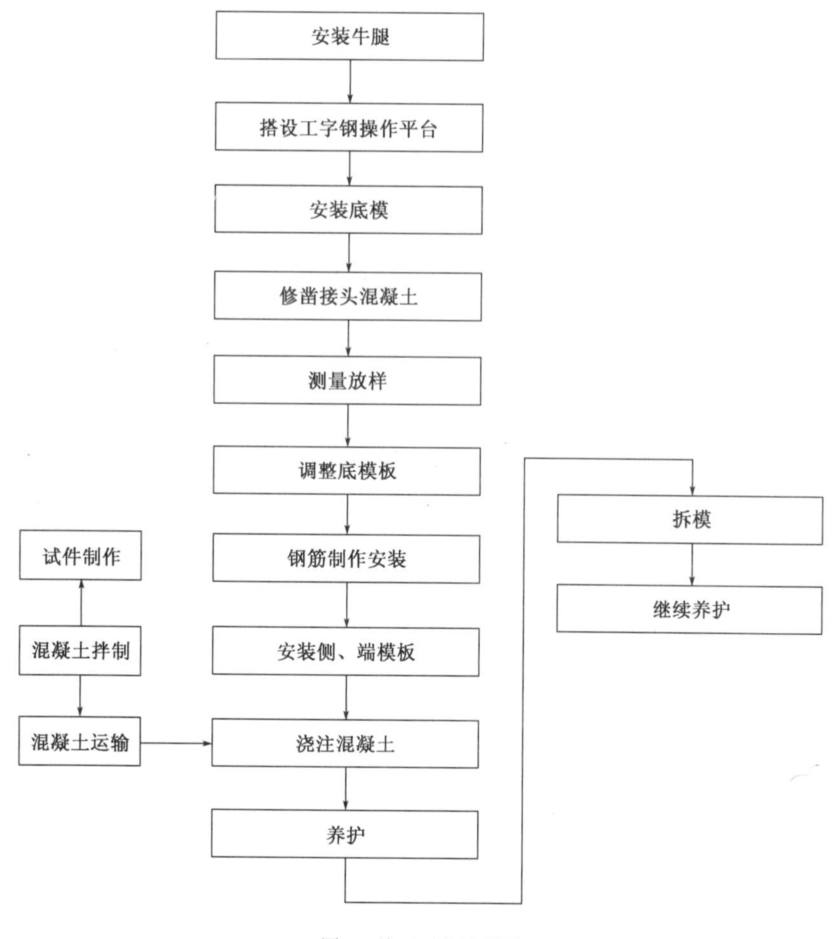

图4　施工工艺流程图

3.2 底模安装

安装双抱箍为支撑,两组共4个手摇式千斤顶均布抱箍牛腿顶面组成顶升系统,顶升系统工作时将上抱箍压力传递至下抱箍形成共同受力,提高支承系统安全系数。抱箍上平行放置2根12m长45a工字钢作为承重主梁,主梁顶面铺设3m长[16a槽钢作为横次梁(槽钢间距50cm),10cm×10cm木方(间距20cm)均匀布置于槽钢上。铺设1.8cm厚竹胶板作为底模,侧模及端模均采用6mm厚组合钢模,横向用ϕ20拉杆对拉固定(上下间距1m),并布置斜撑,从而确保盖梁成品尺寸准确。

3.3 钢筋制安

盖梁底模安装完成后,进行盖梁骨架片吊装及箍筋绑扎。钢筋加工制作前,首先审核下料表准确性,经过核对后,再按设计图纸放出实样,试制合格后方可成批制作。加工好的半成品要堆放整齐,做好标识。

3.4 侧模及端头模的制作安装

侧模采用6mm厚钢板制作,以确保盖梁施工质量及整体效果;侧模拼接处采取错位搭接法,以保证混凝土外观及施工安全。模板逐步吊装就位后,侧模上下端设拉杆固定,拉杆拉在侧肋槽钢上,用M16螺栓连接侧模与底模,接缝处用黄油抹缝,防止漏浆。为保证端模的稳定性,在其下方安装三角托架作为支撑,三角托架由[16槽钢焊接而成,若槽钢与模板存在缝隙,可视情况打入木楔进行调整,如图5所示。

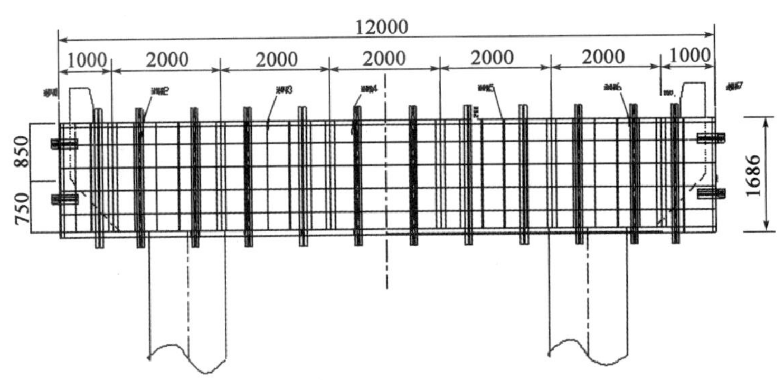

图5 盖梁模板设计图(尺寸单位:mm)

3.5 混凝土浇筑

混凝土浇筑前,检查支架、模板、钢筋和预埋件位置及尺寸是否符合设计要求,并做好记录,确认无误后方可浇筑。模板内应无杂物、积水,钢筋表面无锈蚀、无油污。模板拼装应无缝隙,内面均匀涂刷脱模剂,并确保混凝土各项性能指标满足设计要求。

混凝土浇筑采用分层连续浇筑,分层厚度不超过30cm。采用插入式振捣器进行振捣,要求操作过程中严格按照振动棒工作参数进行,避免因振捣不密实出现蜂窝麻面,或因过振出现离析的情况,严禁漏振。振捣按梅花点均匀布置,移动间距不超过振动棒作用半径的1.5倍,且与侧模保持50~100mm的距离,每浇筑一层混凝土,振动棒应插入下层混凝土5~10cm,每一处振动至混凝土停止下沉,表面呈平坦泛浆,不再冒气泡为止。振捣过程中,应保证振动棒与模板、钢筋及其他预埋件之间存在一定的安全距离,避免碰撞。

3.6 支撑体系脱模、落架

盖梁混凝土浇筑完成后应进行洒水养生,达到强度要求后依次拆除侧模、端头模、底模及盖梁支撑体系,如图6、图7所示。首先利用汽车吊将盖梁的侧模和端头模进行分块拆除,并在场地内按模板编号堆放整齐,便于下个盖梁施工需要。

图6 支撑体系脱模、落架图

图7 盖梁浇筑完成后实物

侧模和端头模拆除完成之后开始拆除底模及支撑体系,先在已成型的盖梁顶面上吊装2根45a工字钢,焊接吊环,将底模工字钢用4个10t手拉葫芦反吊,再用8个2t手拉葫芦将抱箍与底模工字钢支撑梁反吊,然后人工站于底模上同时拉动葫芦,使支撑体系整体缓慢下放,直至放到地面再分别拆除,确保施工安全。

4 注意事项

(1)每次使用抱箍前必须对其进行检查,检查内容包括抱箍尺寸是否变形,抱箍是否出现裂纹及是否打磨干净等。

(2)安装抱箍螺栓时,要求使用专用扳手,确保螺栓扭紧力矩。

(3)施工过程中,抱箍螺栓应由相对固定的工作人员做到随时复拧。首次应用抱箍时,可记录螺杆外露尺寸,相同条件下再次使用时,螺栓和终拧力矩可参照初次螺杆外露值,但仍应进行力矩检查,符合要求后方能投入使用。

(4)每道工序施工过程中,注意观察抱箍体有无位移发生,若有应立即采取稳定加固措施。再次应用同一套抱箍体可在混凝土浇筑过程中观测抱箍体沉降量,在抱箍体底部的墩柱上做标记是观测沉降的简易方法。

(5)为弥补施工过程中双抱箍法不可预见的缺陷因素,应采用较大的安全系数设计抱箍体。

(6)支撑体系脱模、落架时,两端应同步进行,防止手拉葫芦下放速度不一致导致一端倾斜,从而发生安全事故。

5 结语

由于对双抱箍法的不断完善和创新,该法目前已在高速公路桥梁盖梁施工中被广泛应用,海南琼中至乐东高速公路A5合同段通过使用双抱箍支撑施工技术,再一次验证了其安全性、可靠性和实用性,同时极大地降低了高空作业风险和施工成本,提高了工效,取得了良好社会效益。

路基上路床水泥稳定土施工工艺及质量控制

郑　攀　洪少冰　曹敬贤

[海南省琼中至乐东高速公路(琼中至五指山段)A5合同段]

摘　要:文章以海南省琼中至乐东高速公路A5标路基上路床水泥稳定土施工为例,简要介绍了水泥稳定土的机械化施工工艺、水泥稳定土配合比设计,重点讲述了影响水泥稳定土施工质量的主要因素及相关控制措施,为类似工程提供参考。

关键词:水泥稳定土;基层施工工艺;质量控制

1　工程概述

海南省琼中至乐东高速公路A5合同段项目位于五指山市毛阳镇到番阳镇,线路全长12.69km。其中路基线路长约5.4km,还有五指山互通立交和番阳互通立交。本合同段填方路堤及土质挖方段上路床0~40cm采用水泥稳定土施工处理,水泥外掺量为4%。水泥稳定土验收标准7d无侧限抗压强度达到0.4MPa以上,施工后压实度要求达到97%以上、上路床顶面土基回弹模量不小于45.0MPa,路基上路床顶面交工验收弯沉值不大于207(0.01mm),分两层施工。水泥稳定土属于半刚性基层材料,海南省平均降雨量1400~1800mm,路基上路床采用水泥稳定土处治,其稳定性、板体性和力学强度高,保证路基整体稳定性和耐久性,如图1所示。

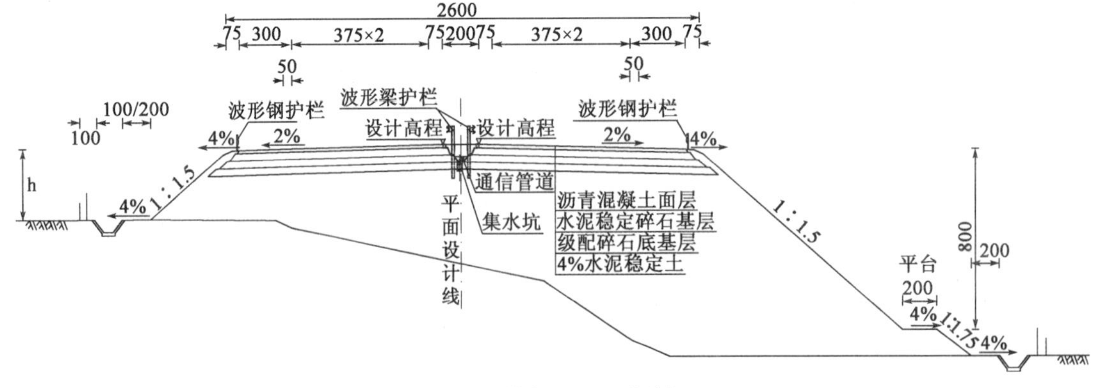

图1　路基标准横断面图(尺寸单位:cm)

2　水泥稳定土配合比组成设计

根据本项目图纸设计要求,水泥稳定土的水泥外掺量为4%。通过试验选取合适的土源、水泥及多次配合比试验以满足设计要求和验收标准。

2.1 水泥

根据路面施工规范和施工工艺要求，水泥初凝时间应大于3h，终凝时间应大于6h且小于10h。早强水泥、快硬水泥以及受潮变质的水泥不得用于水泥稳定土，复合硅酸盐水泥、普通硅酸盐水泥和矿渣硅酸盐水泥等凝结时间较长的水泥都可用于水泥稳定土。理论上可在水泥撒布过程中加入一定数量的缓凝剂以满足缓凝要求。本项目通过方案必选、优化，选用华润PC32.5水泥。水泥球磨生产过程中添加了缓凝剂，初、终凝时间分别为7h20min和9h10min，检测凝结时间满足要求，满足现场摊铺作业施工要求。

2.2 土源

对水泥稳定土土质的选择要求为易于破碎、满足级配要求和便于水泥和素土充分搅拌均匀碾压成型。砂砾和砂性土适合于水泥稳定土施工，其次为粉性土和黏性土，细粒土和含有机质较多的土不宜用水泥稳定。砾类土强度虽高，但对于路拌法施工工艺，不利于碾压破碎与水泥充分搅拌均匀混合。本项目选用的五指山互通AK1+000处的砂性土，该土源类别为黏土质砂，级配良好，无侧限抗压强度达到1.2MPa，经检测满足设计要求，如表1所示。

水泥稳定土配合比的各项指标 表1

序号	检测参数	检测结果	序号	检测参数	检测结果
1	土的类别	黏土质砂SC	5	稳定土最佳含水量(%)	11.5
2	土的液限(%)	38	6	稳定土最大干密度(g/cm^3)	1.981
3	土的塑限(%)	22	7	稳定土无侧限抗压强度(MPa)	1.2
4	土的塑性指数	16	8	水泥掺量(%)	4

3 水泥稳定土施工工艺

水泥稳定土是在素土中添加一定数量的水泥，利用水泥的水化过程和机械压实使路基稳固。该工艺提高了路基的受力强度和耐水性。水泥稳定土具有良好的密封性，很难受到水分的影响，具有良好的力学性能。水泥稳定土的施工，对于工作时间的把控要求很高，搅拌、压实和成型的过程均要在水泥凝结前完成，如若超出凝结时间，易造成水泥稳定土在碾压成型过程中强度降低。本项目采用机械化的粉料撒布车和稳定土拌和机等设备，通过设备、人员的合理安排和施工工艺的不断优化，各项质量指标均能满足要求。

3.1 下承层准备

在施工水泥稳定土的摊铺施工前，检测下承层的压实度、平整度、高程、横坡度、弯沉、平面尺寸等，要求符合《公路工程质量检验评定标准》(JTG F80/1—2004)。对土基必须用12~15t或等效的压路机碾压3~4遍，并进行检查。如有表面松散、弹簧、翻浆等现象必须进行晾晒或掺入无机结合料处理。处理后恢复道路中线、边线并在道路两侧边缘设置边桩，标记出要摊铺的稳定土的压实厚度。本项目根据试验段结果计算松铺系数1.18，标记对应桩号的松铺厚度。

3.2 备料、摊铺

在摊铺前应对素土进行含水率试验，含水率低于最佳含水率要进行洒水，闷料，含水率过大则需翻晒处理。在稳定土碾压过程中水的损耗及水泥水化过程存在水分消耗，含水率不够养护过程易产生裂纹。把备好的土样卸于方格中，再用推土机推平。土颗粒不应过大，大颗粒应先破碎,最大尺寸不应大于15mm。根据试验段数据,严格控制铺筑厚度和高程。用推土机处理一遍后,再用平地机精平。水泥稳定土摊铺时,对其含水率进行检测,低于最佳含水率需及时补水。

3.3 水泥撒布

水泥用量根据图纸设计要求,按照外掺法4%掺量、压实厚20cm计算。实测水泥稳定土最大干密度1.981g/cm^3,计算得出需水泥15.24kg/m^2,在粉料撒布车控制系统输入水泥用量参数,并按规定车速均匀把水泥撒在路基上。粉料撒布车为全自动控制,输料和计量准确性高,且配置有遮罩,撒布过程中可避免扬尘和减少损耗。该工艺无论工效、成本控制均优于袋装水泥人工撒布。

3.4 水泥稳定土拌和

在水泥摊铺完成后,稳定土路拌机匀速、平稳行走并同步拌和,速度控制在5m/min左右,确保拌和均匀、深度一致。水泥稳定土拌和时,拌和搭接宽度不少于30cm,避免水泥稳定土漏拌和灰条、灰团花面的出现。在施工过程中全程监控拌和深度并即时调整,确保拌和深入下承层1cm,避免中间出现夹层或厚度过大导致水泥的灰剂量减少。拌和完成后,对水泥稳定土随机取样并进行水泥剂量试验,制作侧限抗压强度试件。通过检测结果进行核验。

3.5 碾压整形

在稳定土路拌机拌和的同时,压路机紧随其后进行5遍碾压:第一遍弱振,速度控制在1.5~1.7km/h;其后三遍采用强振,速度控制在2.0~2.5km/h;最后一遍采用弱振。碾压过程中,水泥稳定土的表面始终保持湿润,若天气温度过高水分蒸发快,需及时洒水补水。水泥稳定土中含有水泥胶材,整个碾压过程要快速完成,并一次性达到设计压实度要求,避免补压影响水泥胶材的凝结。碾压达到压实度要求后用平地机整形,直线段由两侧向路中进行,在曲线段由内侧向外侧。最后再相应补水复压收面并覆盖养生。

4 水泥稳定土质量控制措施

4.1 含水率的控制

水泥稳定土混合料应含有充足的水分,以确保满足水泥水化和压实的要求。含水率偏小则水泥不能充分水化进而影响强度;含水率过大于则会影响压实度且过多的水分蒸发会产生收缩裂缝。施工过程中,需加大对素土和碾压后稳定土的含水率检测频率。经试验总结,现场实际含水率高于水泥稳定土最佳含水率1~2个百分点为宜。

4.2 最大干密度的控制

通过对不同土质进行水泥稳定土配合比试验,得到水泥稳定土的最大干密度对强度有很大影响,水泥稳定土无侧限抗压强度和稳定土的最大干密度成正比。素土中有机质较多,水泥的水化进程比较缓慢,水泥稳定后其强度偏低。稳定土有机质含量应控制在2%之内,如表2所示。

水泥稳定土配合比无侧限抗压强度结果 表2

序号	土的取样地点	土的类别	配合比最大干密度(g/cm^3)	无侧限7d抗压强度(MPa)
1	五指山互通AK1+000	黏土质砂SC	1.981	1.2
2	毛农大桥边坡挖方K170+500	含砂的低液限粉土MLS	2.074	1.8
3	主线路基挖方K179+150	黏土质砂SC	1.802	0.5

5 结语

路拌法水泥稳定土施工工艺采用全机械化作业,可有效减少质量缺陷、提高工效,整个施工过程质量可控。粉料撒布车摊铺水泥控制精准,摊铺水泥胶材均匀;稳定土路拌机拌和均匀,有效避免中间夹层和确保水泥灰剂量。经实体检测稳定土无侧限抗压强度、压实度、弯沉等各项指标均能满足设计规范要求。本文结合工程实例重点阐述的路拌法施工工艺对水泥稳定土施工质量控制有一定借鉴意义,可为类似改良土工程施工提供技术参考。

高墩液压滑模施工技术及控制要点

王秋赞　张　凯

[海南省琼中至乐东高速公路(琼中至五指山段)A3合同段]

摘　要:本文通过琼乐高速光二1号大桥的工程实例,简单阐述高墩液压滑模构造及工作原理,介绍液压滑模技术应用于桥墩施工相关的技术及质量控制要点。

关键词:高墩;液压滑模;构造;质控

1　液压滑模概述

滑模施工技术创于20世纪初期,我国于20世纪30年代引进使用,至70年代,配套液压滑模千斤顶和集中控制设备的研制成功,促进了滑模技术的革新,并逐步在全国得到推广。近年来,随着我国高速公路、铁路、高铁建设的蓬勃发展,桥梁技术逐渐向高墩、大跨度、高性能混凝土等方向发展,液压滑模因其施工便捷、施工速度快、施工安全的特点受到越来越多桥梁建设单位的青睐,被广泛应用于桥梁高墩施工。光二1号大桥是海南省琼乐高速公路琼中至五指山段一重点控制性工程,大桥上部结构为40m装配式预应力混凝土连续箱梁,其中3号、4号、5号、6号、7号墩为空心薄壁桥墩设计,桥墩平均高度42m。空心薄壁桥墩尺寸为6.5m×3m,壁厚为0.6m,墩柱最下和最上1m为实心段,墩柱采用液压滑模技术。

2　施工方案概述

图1　滑模施工现场

滑模施工浇筑混凝土相对于常规模板浇筑具有连续性好、进度快、质量好、材料消耗少等诸多优点。光二1号大桥由于工期紧张,高墩采用滑模浇筑施工方案,如图1所示。根据滑模施工特点,桥墩施工时,从承台上面开始起滑。滑模施工中,在墩身4个面外侧分别设置3根垂线,便于控制偏差,直至混凝土浇筑到墩顶高程后停滑。

根据该薄壁空心桥墩的结构设计,该滑模支撑设计为1×1m桁架模块组合,材质采用50和75角铁制作,模板高1.3m,采用4mm钢板整体组合而成。

3 滑模结构设计

滑模体采用液压调平内爬式，滑模体要满足

强度、刚度及稳定性要求。同时，为了便于加工，提高复用率，整个模体设计为钢结构。滑模装置主要由面板、桁架、操作盘、提升架、支撑杆液压系统等部分组成。面板、桁架、工作平台、提升系统等构件间均为焊接连接。

3.1 模板

模板作为混凝土成型的模具，其质量(刚度、表面平整度)的好坏直接影响着脱模后混凝土的成型及表观质量。为了保证质量，面板采用4mm钢板制作，用50×5角钢作筋肋，模板高度1.3m；为了便于脱模，模板按一定锥度设计，上下口相差2mm。钢板内衬5mmPVC硬板效果更好。PVC硬板形变较大，表面黏附混凝土较易清除，合成材料与混凝土的黏附性差于钢板，有利于出模效果。

3.2 桁架

桁架主要用来支撑和加固模板，使其形成一个整体。桁架采用矩形桁架梁，桁架梁主筋采用75角钢，主肋采用75角钢，斜肋均采用50×5角钢。桁架与模板的连接采用50×5角钢焊接。

3.3 提升系统

提升架是滑模与混凝土之间的联系构件，主要用于支撑模板体、桁架、滑模工作盘，夹固桁架梁，避免变形，并通过安装在其横梁F型支架上的千斤顶支撑在爬杆上，整个滑升荷载通过提升架传递给爬杆。爬杆采用ϕ48mm无缝钢管焊管，(普通钢管有接缝，千斤顶内卡齿经常因为接缝抓稳钢管，所以均用无缝钢管)。支撑采用“F”型提升架。“F”型提升架主梁采用[18a槽钢，高1.8m，千斤顶底座为2mm钢板。

3.4 工作平台

工作平台是滑模的主要受力构件之一，也是滑模施工的主要工作场地。各构件除满足强度要求外，还应有足够的刚度。工作盘支撑在提升架的主体竖杆件上，通过提升架与模板连接成一体，并对模板起着横向支撑作用。该工作平台采用桁架上平面代替，平台采用3mm钢板铺平。为防止坠物，平台面必须密实、平整并保持清洁，平台边焊装1.5m护栏。

3.5 修饰平台

为便于施工人员随时检查脱模后的混凝土质量，及时修补混凝土表面缺陷、凿出埋件、凿除通风孔，并及时对混凝土表面进行洒水养护，在工作平台下方2.5m处悬挂一修饰平台，修饰平台用50×5mm角钢组成，宽0.7m，用3mm钢板铺密实，用75×5mm角钢悬挂于桁架梁和提升架下。

3.6 支撑杆

支撑杆的下段埋在混凝土内1.5～2m，上段穿过液压千斤顶的通心孔，承受整个滑模荷载，并代替一根竖向钢筋存留在混凝土内。在选用QYD100型液压千斤顶的同时，选用ϕ48mm无缝钢管作为支撑杆。经过计算，其承载力及验稳定性符合要求。

3.7 液压系统

液压系统由YKT36型液压控制台、QYD100型液压千斤顶、油管及其他附件组成。组装前必须检查管路是否通畅、确保油路距离相同、油压是否符合要求、有无漏油等现象，若有异常，及时排除。

3.8 洒水管

为使用脱模的混凝土得到良好养护，在操作平台上安装一根塑料水管，安排专人及时洒水养护。

4 滑模施工要点及问题总结

4.1 钢筋绑扎

滑模施工的特点是钢筋绑扎、混凝土浇筑、滑模滑升平行作业连续进行。模板定位检查完成后，即可进行钢筋的安装。前期钢筋绑扎从模板底部一直绑扎至提升架横梁下部，起滑后，采用边滑升边绑扎钢筋平行作业方式，钢筋绑扎超前混凝土 30cm 左右。钢筋、混凝土的垂直运输，尽量依靠地面起吊设备吊至工作面，若吊高不够，可用卷扬机或者塔吊提升。滑升中，钢筋绑扎严格按照设计要求。爬杆接头在同一水平内不超过 1/4。为确保模体安全运行，要求爬杆平整无锈皮，当千斤顶滑升至距爬杆顶端小于 350mm 时，应及时接长爬杆，接头对齐，不平处用角磨机磨平，爬杆可用钢筋焊接相连，确保垂直。

4.2 滑模滑升

混凝土初次浇筑和模体的初次滑升，严格按以下六个步骤进行。第一次浇筑 10cm 厚，高砂浆混凝土或砂浆，接着按分层厚度不大于 30cm 浇筑第二层，厚度达到 60 ~ 70cm 时，开始滑升 3 ~ 6cm，检查脱模混凝土凝固是否合适，第四层浇筑后滑升 6cm，继续浇筑第五层又滑升12 ~ 15cm，第六层浇筑后滑升 20cm，若无异常象，便可进行正常浇筑和滑升混凝土 30cm。不同配合比混凝土凝固时间不一样，爬升时间不一，试升时应将模板升起，当混凝土出模后不塌落，又不被模板带起，用手指按压可见指痕，砂浆又不粘手指，方可爬升。滑模的初次滑升要缓慢进行，并在此过程中，对液压装置、模板结构以及有关设施，在负载情况下作全面检查，测量垂直度，发现问题及时处理，待一切正常后方可进行正常滑升。施工转入正常滑升时，应尽量保持连续作业，由专人观察脱模混凝土表面质量，以确定合适的滑升时间和滑升速度。正常日滑升 3.5 ~ 4.5m。混凝土浇筑前应做混凝土固身凝固试验，控制其固身凝固时间 3 ~ 4h，初凝 8 ~ 9h。为保证混凝土顺利入模，要求混凝土和易性、流动性好，坍落度 14 ~ 16cm。脱模的混凝土面应无流淌和拉裂现象，手按有硬的感觉并能压出 1mm 左右的指印，能用抹子抹光。若脱模混凝土面平整，可不做抹光处理。如脱模混凝土面有缺陷，应立即进行混凝土表面修补，一般用抹子在混凝土表面用原浆压平。为使已脱模混凝土面具有适宜的硬化条件，防止发生裂缝，在修饰平台上设洒水管，对脱模混凝土面进行及时养护。

滑模施工顺序：混凝土浇筑→振捣→滑升→钢筋绑扎→混凝土浇筑。

4.3 测量控制

滑模的测量控制，采用悬挂重垂线和定期全站仪复测结合的方式进行。在每面模板外侧对称设 2 根重垂线，每次滑模提升 9 ~ 15cm 测量测线上部距离模板内壁和下部与墩柱底部表面的距离，以检测整个模体的偏移及扭转。利用千斤顶同步器进行水平控制，以确保整个模体垂直滑升。同时利用千斤顶的高差，进行模体微调纠偏，旋转或偏移较大时采用施加外力与调整局部千斤顶的高差进行纠偏。

4.4 停滑措施及施工缝处理

滑模施工需连续进行，因结构需要或意外原因停滑时，应采取停滑措施。混凝土停止浇筑后，每隔 15min，滑升 1 ~ 2 个行程，直至混凝土与模板不再粘连。模板滑升至模内混凝土剩余 5 ~ 10cm，以确保下次施工时模板不与混凝土粘连。由于停滑或施工工艺所需造成的施工缝，用同强度等级水泥修补后再用白水泥与同强度等级水泥 1∶1 混合，干抹修补面，待其凝固后擦去水泥灰。

5　滑模施工易出现问题及控制要点

滑模施工中出现的问题大致有：滑模体倾斜、平移、扭转、变形，混凝土表观缺陷，爬杆弯曲等。其产生的根本原因在于千斤顶工作不同步、荷载不均匀、混凝土浇筑不对称、纠偏过急等。因此，在施工过程中首先要把好质量关，加强观测检查工作，确保良好运行状态，发现问题及时处理。

5.1　纠偏

纠偏是滑模施工中最为基本也是最为重要的控制技术。每次浇筑之后滑模爬升，都需观测垂直度。由于中穿式千斤顶经常会出现夹片松动的现象，导致受力不均匀，在不知不觉中模板就会发生微妙偏移。纠偏必须及时，3 ~ 5 个行程就需观测垂直度和千斤顶是否同步。当偏移量超过 2cm 以上纠偏易导致模板变形，需拆除模板矫正。纠偏一般利用千斤顶高差自身纠偏或施加一定的外力给予纠偏。所有纠偏不能操之过急，以免造成混凝土表面拉裂、死弯、滑模变形、爬杆弯曲等事故发生。每个千斤顶都是与模板牢固相连，利用千斤顶不同时升降纠偏存在使模板变形的可能，纠偏要及时，一般偏移量超过 5mm 就应及时进行纠偏。当偏移量超过 5cm 时，纠偏会导致模板拉扯形变导致别的面产生偏移，最后导致线形扭曲。对于 1cm 以内的偏移，可以采用一侧施加荷载法纠偏。滑膜正常爬升时让工作平台上工人及钢筋材料集中放置在偏移测对面的工作平台上，利用荷载不均等微妙调节千斤顶上升节奏，纠偏效果 3 个行程后见效。纠偏完成后，恢复墩柱两侧工作平台上的荷载均等。对于 1cm 以上的纠偏，需利用千斤顶纠偏。先关闭模板偏移方向对面的千斤顶油阀，打开偏移侧油阀，正常开启爬升系统，一个行程可纠偏 3 ~ 5mm。然后全部油阀打开后正常爬升 3 ~ 4个行程后再重复上步骤，这是为了让纠偏后的墩柱线形平滑。

对于超过 5cm 的偏移，在利用千斤顶不同时爬升纠偏的同时，每个行程都要观测别的墩柱面是否偏移，预防滑模变形。纠偏不理想时，可将偏移侧爬升钢管适当往纠偏侧偏移焊接固定，让千斤顶不垂直爬升推动滑模反向矫正。

5.2　爬杆弯曲

爬杆弯曲时，采用加焊钢筋或斜支撑。弯曲严重时，切断爬杆，重新接长后再与下部爬杆焊接，并加焊“人”字形斜支撑。

5.3　模板变形处理

对变形较小的模板，采用撑杆焊接加压复原；变形严重时，将模板拆除矫正，然后焊接安装并将表面打磨光滑。

5.4　混凝土的质量控制

现在虽然都是机器拌和，但标准配合比的混凝土未必就适合滑模施工的开展。现有的混凝土为了提高强度基本都添加减水剂，为了方便混凝土的运输，减水剂中添加了缓凝成分，混凝土较稀、缓凝时间长。入模后与模板粘连时间长，模板上会黏附大量不易清除混凝土块。滑模爬升后使出模混凝土表面较粗糙，影响外观质量。滑模施工要求混凝土凝固快，不仅使其爬升速度相应提高，模板与混凝土的粘连时间减少，混凝土的出模效果较好，所以液压滑模施工的混凝土缓凝成分不宜多，混凝土干湿度偏干为好，浇筑后 40 ~ 60min 能出模最为理想。混凝土凝固时间 = 运输时间 + 塔吊浇筑时间 + 钢筋绑扎时间。运输距离短、作业人员充足可以在减水剂中适当添加早强成分。

5.5　混凝土表观缺陷处理

滑模浇筑混凝土外观不好是滑模发展的一大限制问题。模板一直处于混凝土中，难以抛光刷油，会留下许多小混凝土硬块。即使振捣得较好，出模时摩擦混凝土面也会留下划痕。修饰技巧对于墩柱外观相当重要。如出模混凝土面有缺陷，应立即在修饰平台上进行混凝土表面修饰，修补人员需熟练抹面技巧。抹子必须用钢材质抹子，对于一般麻面和气泡用抹子在混凝土表面用原浆压平；缺陷严重的，混凝土因滑模变形拉裂或爬升过早表面混凝土脱落的，先将缺陷处分离混凝土敲除，补上比原强度等级高一级的细集料混凝土修补并用抹子抹平收光；脱落严重的需添加环氧树脂，然后再用白水泥与同强度等级水泥 1∶1 混合，用海绵均匀擦抹干水泥，使修补面无外观颜色差。干抹修补表面，待其凝固后擦去水泥灰，用薄膜包裹养生。

5.6　滑模拆除

滑模浇筑混凝土滑升至设计位置后，将滑模滑空后，利用塔吊吊装绑扎牢固，切割链接钢管。滑模体拆除注意事项：

(1)必须在现场负责人的统一指挥下进行，并预先制定安全措施。

(2)操作人员必须配戴安全带及安全帽。

(3)拆卸的模体部件要严格检查，捆绑牢固后起吊下放。

6　劳动组织及工期安排

液压滑模系统的优势就在于可以连续性施工，因此才有施工速度快的特点。施工人员需采用两班替换，24h 作业方式。施工现场人员配置：负责人 1 人、技术员 2 人、作业班长 2 人、钢筋工和焊工 2×5 人、混凝土工 2×4 人、电工 2×1 人、修面养护 2×2 人、滑模爬升操作维护工 2×2 人、钢筋制作及套丝 2×2 人、地面物件杂工 2×2 人，每套滑模每天施工需要合计：36 人。其中电工、钢筋工、电焊工、混凝土浇筑工等职务对于掌握多种技能人员可以兼任，但需持证上岗。根据光二 1 号大桥现场施工经验，工作平台上 8×2 人，地面加工钢筋及吊装人员4×2人，技术人员 1×2 人，共计 26 人，即可保证每套滑模 24h 施工正常运转。正常施工，一个班组可以爬升 2m 左右。

7　结语

光二 1 号大桥于 6 月 1 日开始浇筑 6 号墩右幅墩柱，9 月 29 日 10 根空心薄壁墩全部完成，可见液压滑模施工速度优势明显。目前滑模技术已经日渐成熟，但质量问题依旧层出不穷，其要点控制技术仍需经验积累。只有熟练掌控滑模技术，不断总结经验，并保持严谨的施工管理态度，才能保证工程质量。

浅谈无轨式爬模施工工艺

熊冬冬

[海南省琼中至乐东高速公路(琼中至五指山段)A6合同段]

摘　要:南圣河3号大桥施工现场地形复杂跨径较大,为了满足现场施工中的质量、进度及经济等方面的因素,所以在施工中采用了结构较为稳定的无轨式爬模的施工工艺。本文对无轨式爬模施工工艺流程、液压系统的组成及爬升过程、关于安全操作注意事项、关键技术创新等方面进行了浅析。

关键词:空心薄壁墩;无轨式爬模;施工工艺

1　工程简介

南圣河3号大桥位于琼中至乐东高速五指山连接线,由中交一公局厦门工程有限公司承建。大桥全长648m,主要跨越南圣河及丛林。大桥左幅16×40m预应力混凝土组合箱梁、右幅15×40m预应力混凝土组合箱梁,墩柱设计为空心薄壁墩和圆柱墩,主墩设计为空心薄壁墩的截面尺寸2.5m×6.5m,壁厚为0.5m,24个空心薄壁墩25~56m。施工过程中三个墩位配备一台中联TC5610塔吊,四套无轨式爬模,如图1所示。混凝土采用拌和站集中拌制,主要采用混凝土搅拌运输车运输。

图1　爬模施工图

2 无轨式爬模施工工艺

2.1 爬模装置安装流程

2.1.1 拼装模板前的准备工作

先由测量人员放线,绑扎第一模钢筋,清理模板及配件,备好所需对拉杆。

2.1.2 拼装模板及混凝土浇筑

按图纸将平模板组装成型,再装通长背楞。模板之间用M18高强螺栓连接,模板与背楞用厂家提供的连接板和销子连接成整体。吊装模板,按模板预留孔位置固定好预埋件。浇筑混凝土,浇筑混凝土强度达到10MPa后,方可进行拆模。

2.1.3 安装爬架

第一次拆模后,混凝土强度达到15MPa后方可爬升。安装附墙装置并要求附墙装置跟销孔为基线必须水平,同一机位各附墙装置需确保在同一轴线上,每两机位附墙装置中心距误差小于2mm。拼装爬架,并按规定使用开口销,用起吊设备将爬架吊装就位,注意校正架体立柱与水平面的垂直度以及后移横梁与混凝土表面的垂直度。所有架体安装就位。

2.1.4 安装围圈(图2)

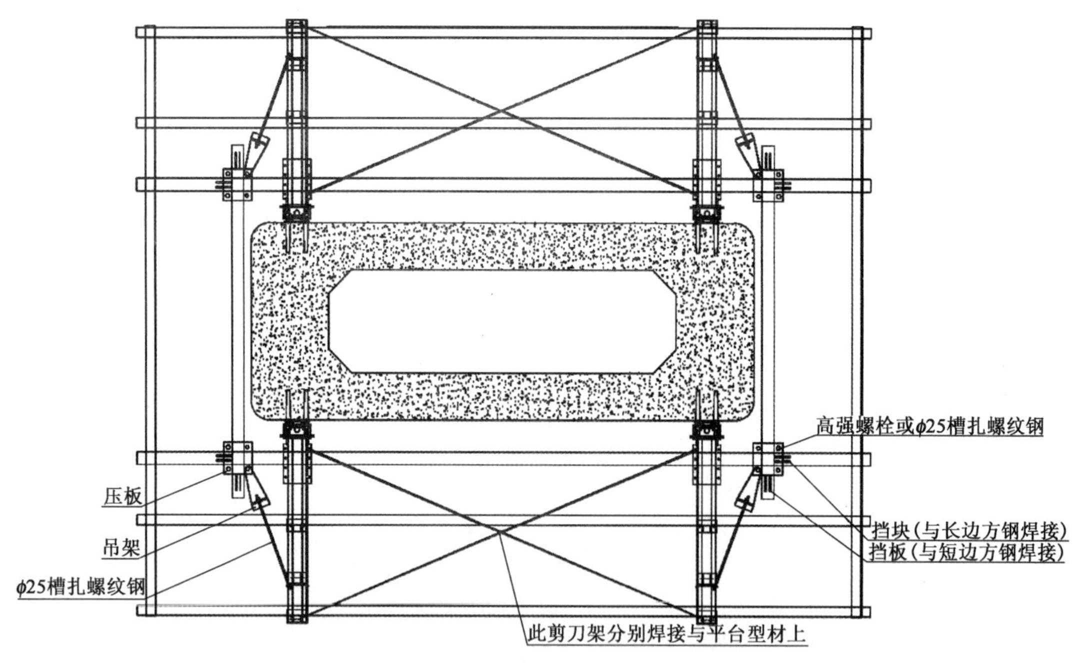

图2 机位平面布置示意图

(1)四机位或六机位(短边未设机位)。四面围圈由2[16组合成方钢的形式焊接而成,长边围圈采用160mm×63mm×6.5mm槽钢焊接成方钢(焊接间距控制在75cm左右,单个焊接点长度不少于10cm,搭接围圈处焊接需满焊)。使用高强螺栓和压板与架体横梁栓接,栓接必须稳固牢靠,短边围圈安装前先将防坠装置配装,装配好后使防坠装置不能左右移动,再与长边围圈栓接固定。栓接同样采用压板与高强螺栓,螺栓须拧紧牢靠。压板外侧须焊接规格为φ28mm钢筋,长度不少于20cm的挡块,防止压板滑退。若围圈采用拉杆,拉杆直径不少于28mm,两端采用厚度不少于20mm垫板。垫板与方钢满焊,长度不低于30cm,防止受力时方钢拼接处开裂变形。

(2)六个以上机位。墩柱单边架体横梁设置前后两根围圈,先将围圈栓接固定,横梁、机位之间采用 ϕ25mm 精轧螺纹钢做成剪刀架,使之构成桁架,转角处内外分别用上下两根(一个转角共四根)精轧螺纹钢连接,使小片桁架连接成包围住墩柱的大桁架套框。

2.1.5 安装操作平台

操作平台必须做防滑处理。操作平台和安全网的搭设须做到严密。平台内侧距混凝土表面不能大于 15cm。设上下楼梯,人洞周围设置栏杆,排除所有会掉落大型杂物威胁到人身安全的隐患。操作平台搭设好后,用起吊设备吊将模板平稳吊装就位;并与架体栓接加固处理,进行模板前后移动动作,检查各支点是否均衡受力及前后移动是否顺畅。安装液压系统,调试好压力并试顶,排除千斤顶内空气。

在以上各过程准确无误地完成后,方可绑扎第二层钢筋,支模,安装上架体,浇筑混凝土

2.1.6 安装液压系统

本爬升体系采用楔式穿心千斤顶,每榀提升架安装一台。千斤顶上设限位器,每个千斤顶在其对应油管上安装一只球阀。调试好液压油缸动作,达到拆模强度后,后移模板,固定后移滑槽,防止模板在爬升过程中前后滑动。安装附墙装置,受力吊杆,受力吊杆上螺杆须配双螺母,如图 3 所示。

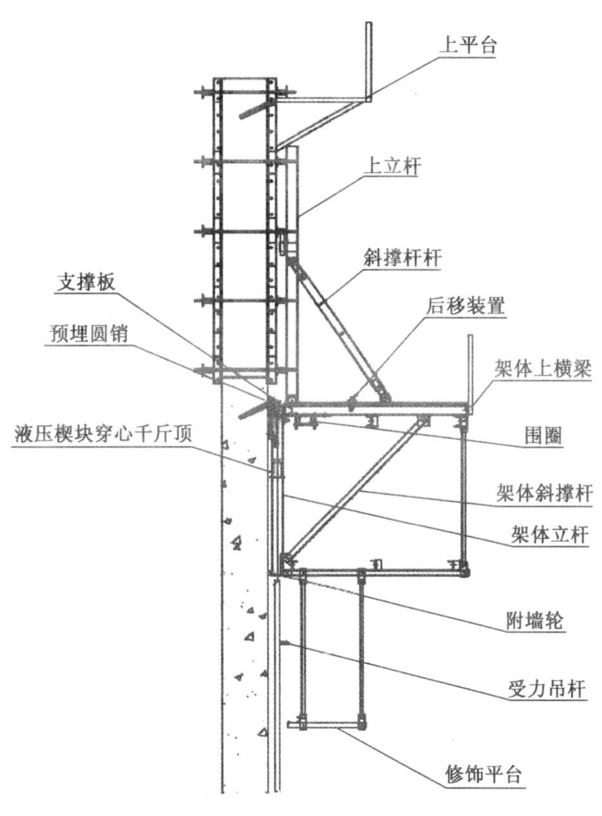

图 3 爬模装置示意图

2.1.7 爬升

先试顶,待所有吊杆受力,拆除第一层承重方销、附墙装置,检查各受力点是否安全牢固。确定无误后,再进行爬升。

2.1.8 爬升完成后

装好承重方销,拆除受力吊杆上的螺母(统一放好保管),使承重销受力。

2.2 合模

校正,进行第三层混凝土浇筑。进入循环作业。

3 液压系统的组成及爬升过程

3.1 爬升前的准备工作

检查电机是否正转,检查油箱内的油是否足够、油质是否正常、油管和各接头是正常及各管线长度是否足够,防坠装置摩擦面是否贴紧墙体表面;要求爬升时,模板后移至轨道外平面10cm位置,并作适当的固定处理;每次爬升时先将体系顶升2cm后停止,检查各受力点是否正常,确保油缸每次回油回完;检查爬升压力,正常为5MPa,最高不能超过8MPa。

3.2 爬升流程

(1)混凝土浇筑完成后→绑扎钢筋→拆模后移→安装附墙装置→安装吊杆→爬升→模板清理刷脱模剂→固定预埋件→合模→浇筑混凝土。

(2)预埋件安装,将大圆销外部抹黄油并用塑料薄膜包好,保证混凝土不能流进爬锥螺纹内。埋件如和钢筋有冲突,将钢筋适当移位处理后进行合模。

3.3 油站注意事项

(1)油站上方要张贴《液压爬模安全操作规程》公示牌。

(2)根据电机型号选用合适的电线,且必须由现场电力专业人员接设,电机须正转。

(3)要做到先加液压油再检测电机,以免油泵无油空转造成温度过高而损坏油泵。

(4)电磁启动器下方要用绝缘体与金属隔离,并做好防水措施。

(5)压力调节阀由现场安装人员调节好,未经过允许,禁止调节。

(6)保持油站现场的整洁及液压系统的清洁。

3.4 液压油的选择及常见液压故障和解决方法

(1)夏季选用46号精密抗磨液压油,冬季选用32号精密抗磨液压油。

(2)无压力:检查电机是否正转;齿轮泵有没有吸力,如无则需更换齿轮泵;油箱的油是否超过油表的80%;检查油表是否被堵。检查油箱内齿轮泵的进口和出口是否泄漏。

(3)调不起压:检查调压阀内是不是补堵,被堵拆开清洗即可,检查没站内有没有泄漏。

(4)油缸回油缓慢:检查管路内是否有杂物;由于气温过低造成液压油运动速度减慢,爬升几个行程,油温恢复正常即可。

(5)回油时油缸没有动作:检查调平器回位时是否被挡;把分支油管与有动作油缸油管对换,检查是油缸问题还是有关问题。

4 关于安全操作注意事项

4.1 爬升前注意事项

(1)爬模操作人员必须固定人员,在进场后应接受三级安全教育及爬模施工安全技术交底;爬模时平台上不超过3人,要求分工明确。

(2)必须严格正确执行收分工法,拉下摩擦片,紧固收分调节拉杆,并回位摩擦片。爬升时,收坡面防坠器须紧贴墙体表面。

(3)安装预埋钢棒时用黄油将四周涂抹均匀再用胶带裹好,安装定位套内也须涂抹黄油。待混凝土达到初凝阶段将其拔出。

(4)检查围圈拉杆是否拉紧,架体导向轮离混凝土不大于5mm。

(5)安装挂座,爬杆丝扣要完好无损,将爬杆用双螺母或不小于6mm的螺母固定在挂座上,同时在螺母处打上黄油。

4.2 爬升时注意事项:

(1)爬升开始前,应对爬模系统作全面检查,拆除所有障碍物,确认符合要求后方可进行爬升。

(2)爬升时,液压操作由专人操作,现场施工负责人必须到场。

(3)液压油站上的压力表由厂家技术员调试好后禁止工人私自操作。

(4)观察人员时刻检查各机位爬升状态,如不在同一水平位时要及时调整。

(5)爬升到位后擦入承重销,油顶回油卸载,将爬杆螺母撤出,使承重销受力。

5 关键技术创新

南圣河3号大桥主墩所采用的无轨式爬模施工工艺,在实际使用过程中运用的一些关键技术及创新如下:

5.1 关键技术

无轨式爬模设计与墩身相结构符合,安装爬架及爬模模板和墩身不冲突;轻质量模板能极大地减轻全套设备的重量,减少模架与墩身的固结设施;预埋圆销能有效地保证施工安全,附墙轮在爬升过程中能有效地减小墩身与爬架的反作用力;无轨式爬模不用安装往复式爬轨可安全快速的提升模架。

5.2 创新点

模架与平台设计更人性化,上下3层平台提供了钢筋绑扎、混凝土浇筑及混凝土表面清理多种工序的操作平台,消除了工人高空作业的恐惧感,能更好地保证施工安全及施工进度;在爬升过程中无须爬轨,简化工序,减轻系统自重,节约成本,预埋件安装简单,承载能力强,安全系数满足施工要求。